PARIS. — TYP. SIMON RAÇON ET COMP., RUE D'ERFURTH, 1.

LES
PETITS MYSTÈRES

DE

L'HOTEL DES VENTES

PAR

HENRI ROCHEFORT

PARIS

E. DENTU, ÉDITEUR

LIBRAIRE DE LA SOCIÉTÉ DES GENS DE LETTRES

PALAIS-ROYAL, 15, ET 17, GALERIE D'ORLÉANS

LES PETITS MYSTÈRES

DE

L'HOTEL DES VENTES

I

Tous plus ou moins, après une lecture des *Mille et une Nuits*, nous avons rêvé de nous trouver subitement transportés dans ces caravansérails où toutes les richesses et toutes les fantaisies de l'Orient se sont pour ainsi dire donné rendez-vous.

Alexandre Dumas a découvert la volupté de la vitesse; il y a aussi la volupté de la profusion.

Seulement il n'est pas donné à tout le monde d'aller la chercher à Bagdad; aussi, au lieu de traverser la Méditerranée, nous nous contentons généralement de traverser le boulevard et d'aller réaliser nos rêves asiatiques... dans les salles de l'hôtel Drouot.

La fièvre du tableautage et du bibelotage sévit en ce moment d'une façon si intense, que c'est, je crois, rendre aux habitants de la bonne ville de Paris un service signalé que de leur donner, au sujet de ces tours de Nesle qu'on nomme salles de ventes, sur leur organisation, leurs dangers et même leur personnel, des renseignements qui, sans avoir la prétention de guérir les gens d'une maladie incurable, leur permettent au moins de n'en pas mourir.

Le premier être, j'allais dire le premier objet qui frappe les yeux d'un amateur arrivant au milieu d'une enchère, c'est

LE COMMISSAIRE-PRISEUR.

Le commissaire-priseur, avec sa voix d'ordinaire éraillée par l'exercice, son marteau qui s'agite, qui monte et qui descend avant de s'abattre irrévocablement, avec ses phrases entrecoupées, ses ellipses audacieuses, ses mots sans suite... non... oui... vu!... plus rien!... n'éveille au premier abord d'autre idée que celle d'un acteur en train de brûler les planches; et peu de personnes savent que cet homme qui gesticule d'une façon si bizarre et qui glapit si désagréablement est, au résumé, un officier ministériel dont les décisions ont force de loi dans la salle où il exerce et qui assume sur lui une responsabilité capitale.

Art. 1er. Le commissaire-priseur est responsable vis-à-vis l'acheteur de l'objet vendu et vis-à-vis le vendeur du prix auquel l'objet a été acheté.

Cette clause, qui paraît toute simple et très-peu dangereuse, a amené souvent les complications les plus graves.

Supposons en effet, ce qui arrive de temps en temps, qu'un acheteur offre une enchère par manière d'acquit, sans avoir besoin ni même envie du tableau ou du meuble sur table. Une fois que l'objet lui a été adjugé, il juge prudent de disparaître dans la foule après avoir fait passer au commissaire-priseur un nom de vaudeville et une adresse fantastique.

Le surlendemain le vendeur vient demander son argent. Le commissaire-priseur n'a rien reçu et n'a pas revu son amateur. Néanmoins, comme il est responsable vis-à-vis du vendeur, il faut qu'il paye le prix de l'adjudication, quitte à se trouver lui-même encombré par un bahut de dix-huit pieds de haut, un tableau de quatre mètres de long ou une armure de deux cent cinquante kilogrammes pesant.

Autrefois les commissaires-priseurs faisaient aux acheteurs des crédits assez larges, dont ils n'ont pas tardé à reconnaître l'abus, et afin de couvrir le vendeur ils avaient institué

LA CAISSE DES COMMISSAIRES-PRISEURS

au profit de laquelle on prélevait six pour cent sur chaque vente.

Aujourd'hui les ventes se font expressément au comptant, et le prélèvement des six pour cent au profit de la caisse n'en existe pas moins. Seulement, au lieu d'en faire profiter le vendeur, le commissaire-priseur en profite lui-même.

Le seul moyen de faire cesser les anciens abus, c'est d'en créer de nouveaux.

Le commissaire-priseur vend donc à ses risques et périls, et, à partir du moment où vous lui avez confié votre vente, les objets qui la composent ne sont plus à vous, mais à lui.

EXEMPLE:

Un jour, deux jeunes gens viennent trouver M. P... alors débutant dans la carrière du coup de marteau.

— Monsieur, lui disent-ils, nous avons en notre possession une *Sainte Famille* d'André del Sarte, et nous désirons vous en confier la vente.

Le jeune commissaire-priseur accepte et fait ses conditions.

— Seulement, ajoute un des jeunes gens, nous désirons que le tableau soit poussé jusqu'à vingt mille francs au moins. A partir de vingt mille francs, vous laisserez aller les enchères.

Quinze jours après, le tableau, pourvu de toute la publicité désirable, s'étalait sur un chevalet dans la salle n° 1 de l'hôtel Drouot.

Mis sur la table à vingt-cinq mille francs le tableau tombe à quinze mille, puis à dix mille, puis à cinq mille, puis à cinq cents. C'était à qui n'en voudrait pas.

Le commissaire-priseur allait le retirer faute d'enchères, lorsqu'un monsieur fait irruption tout à coup dans la salle, s'approche, examine la *Sainte Famille* à la loupe et dit :

— Six cents francs !

Fidèle à sa consigne, M. P... met sept cents francs. Le nouveau venu en met mille, puis deux mille, puis trois mille, et le commissaire-priseur montait toujours.

Enfin on arrive tout d'une haleine à vingt mille. Le public, fort surpris, assistait sans dire mot à cette lutte courtoise.

Le monsieur semble hésiter un instant, puis, se décidant tout à coup, il s'écrie :

— Vingt mille cinq cents !

Le commissaire-priseur, qui n'avait pas d'ordres au delà de vingt mille francs, adjuge le tableau.

— Veuillez me faire passer votre nom, dit-il à l'inconnu.

Celui-ci donne sa carte enveloppée dans un billet de cinq cents francs.

— C'est tout ce que j'ai sur moi, fait-il, j'apporterai le reste demain en venant chercher le tableau.

— Quand vous voudrez, monsieur, répond M. P... avec un salut.

Le lendemain matin un des vendeurs du tableau se présente chez le commissaire-priseur.

— Eh bien?

— Eh bien, grand succès. J'ai poussé le tableau jusqu'à vingt mille, et quelqu'un a mis cinq cents francs de plus. Vous avez du bonheur. Car votre André del Sarte était faux.

— Très-bien, dit le vendeur, maintenant, si vous voulez me payer tout de suite, je pars ce soir pour l'Italie, vous m'obligerez.

Le commissaire-priseur fait quelques difficultés en priant son client d'attendre que l'acheteur soit venu solder lui-même.

Celui-ci s'y refuse catégoriquement, le texte de la loi à la main.

Le commissaire-priseur donne alors les vingt mille cinq cents francs moins les frais et...

— Et?

— Et il attend toujours son acheteur, qui était purement et simplement le compère des deux possesseurs du faux André del Sarte, lesquels étaient encore plus faux que leur tableau.

AUTRE EXEMPLE:

M. R..., un amateur bien connu pour sa manie de gothiques, met en vente un Sébastien del Piombo de la plus belle qualité, en spécifiant qu'il sera mis sur table à vingt-cinq mille francs vers la meilleure heure de la journée, c'est-à-dire trois heures, et en se réservant de pousser lui-même son chef-d'œuvre.

En attendant le moment, M. R... va se promener un peu. Est-ce sa montre qui s'est arrêté? Est-ce lui qui s'est oublié? On n'a jamais pu trop savoir. Le fait est qu'à trois heures le tableau est mis sur table à vingt-cinq mille francs.

Comme chacun croyait que M. R... était dans la

salle et que personne ne se souciait de mettre une aussi grosse somme dans le Sébastien del Piombo susdit, le tableau ne tarde pas à tomber à trois mille francs.

En ce moment, un amateur qui n'était pas dans le secret met une enchère de cinquante francs.

Le commissaire-priseur croit que l'inconnu est un simple agent de M. R... et adjuge.

Au moment où le mot fatal achevait de retentir, M. R... entre dans la salle pour voir où en est son tableau. En apprenant qu'il vient d'être adjugé, il se récrie, il s'exclame, il demande que la vente recommence. Le commissaire-priseur hésite, l'adjudicataire n'hésite pas et refuse catégoriquement de lâcher son tableau. M. R... fit un procès qu'il perdit en première instance, en appel et en cassation. Ce qui eut pour résultat unique d'augmenter considérablement ses frais.

Entre le marteau et la table il y a souvent place pour une contestation.

Quand on vend quelque chose à l'hôtel, on le

vend toujours bon marché, et ce qu'on y achète on le paye toujours trop cher.

Cette contradiction apparente tient à une foule de considérations, de nuances et de demi-nuances que nous demanderons la permission de développer le moins longuement possible.

II

Longtemps le commissaire-priseur a vécu dans les eaux calmes d'une fortune moyenne. A l'heure où nous écrivons, il est quasi et quelquefois même tout à fait millionnaire.

Tout augmente, et les frais de vente et d'achat ont augmenté comme le reste.

Les principaux commissaires-priseurs auxquels l'engouement, parfois absolument irraisonné, des habitués de l'hôtel Drouot a fait une réputation, sont :

M. Pillet, qui a succédé à M. Bonnefonds et qui a bénéficié de l'excellente réputation de son prédécesseur.

M. Pillet est petit, rageur, pas toujours aimable. Il n'en a pas moins trouvé le secret d'avoir la plus belle clientèle de Paris et de vendre un tiers au moins plus cher que tous les autres ; ce qui est bien agréable pour celui dont il fait la vente, mais ce qui est moins gai pour celui qui vient y faire des acquisitions. D'ailleurs, d'une activité dévorante, il met le feu aux enchères et tient son marteau d'ivoire comme Napoléon tenait sa longue-vue les jours de bataille.

M. Escribe, son rival le plus sérieux, est, au contraire, l'urbanité même ; M. Pillet entraîne son client, M. Escribe le séduit.

M. Delbergue-Cormont a une réputation de probité qui donne une grande valeur à ses ventes.

Après lui, MM. Langoit, Lecoq et Boussaton sont ceux dont le public fait le plus de cas.

Mais, quelque intelligent, quelque crédité qu'il

soit, un commissaire-priseur a toujours besoin
d'être complété par son

EXPERT

Au premier abord, ce mot *expert* éveille dans
l'esprit une idée majestueuse de science et d'autorité à laquelle il faut bien se garder de s'abandonner.

On ne peut s'intituler bachelier sans être en
état de produire un diplôme, non plus que den-
tiste, non plus que maître nageur : on se nomme
expert de son autorité privée.

Vous allez chercher le premier Auvergnat venu
et vous lui dites : Sois mon expert, personne n'a
le droit de s'y opposer.

L'extrême facilité avec laquelle tout homme
peut écrire sur ses cartes : *Expert en tableaux*
ne justifie pas, mais explique les erreurs continuelles dont fourmillent les catalogues de ventes

publiques et les coq-à-l'âne mémorables dont l'hôtel Drouot est le conservatoire ordinaire.

Autrefois les experts avaient vis-à-vis de l'acheteur une certaine responsabilité. On ne pouvait impunément vendre un Gibassier pour un Raphaël, ou un Cascaret pour un Claude Lorrain. Quelques réclamations nettement formulées ont prouvé jadis qu'il n'était pas permis de tromper outre mesure le public sur la qualité de la marchandise vendue, en un mot, que l'expertise est un sacerdoce.

Aujourd'hui le besoin croissant qu'ont les amateurs de posséder chez eux des tableaux dont ils puissent nommer les auteurs devant leurs amis a forcé les experts à lâcher la bride à la fantaisie, et les attributions fausses sont plus à la mode que jamais.

Un homme consciencieux et intelligent, M. Horsin Déon, avait entrepris de réformer ce déplorable abus en refusant nettement aux vendeurs de baptiser leurs tableaux de noms que ceux-ci prétendaient lui imposer. Mais qu'arriva-t-il? Les

vendeurs, qui ont tous la prétention de ne posséder que des chefs-d'œuvre, ne voulaient pas
admettre qu'on rétablit ainsi le véritable état-
civil de leurs tableaux et allaient trouver des experts moins expérimentés et plus complaisants.

M. Horsin Déon a dû éloigner momentanément
ses projets de réforme.

Dans la période d'encombrement où se trouvent actuellement les salles de l'hôtel Drouot, le
but avoué de l'expert est non pas de juger et d'apprécier les objets, mais de les vendre le plus cher
possible.

Pour arriver à ce résultat, les uns prennent la
grande route, les autres les chemins de traverse.

Celui-ci prétend que, pour faire monter les enchères, il faut mettre les objets à un prix très-
bas.

Celui-là croit qu'il faut demander de la chose
vendue une somme exorbitante, afin d'en obtenir
une somme raisonnable.

Cet autre crie, s'agite, chauffe les amateurs,
excite l'enthousiasme.

Cet autre garde un silence éloquent et a grand soin de conserver dans son attitude un calme qui veut dire : l'objet que je vous offre est tellement supérieur, qu'il parle de lui-même, et que ce serait lui faire injure à lui et à vous que d'en démontrer la valeur.

Il y a aussi l'expert bourru, qui a l'air de vous faire une grâce en vous laissant ce que vous achetez pour un prix aussi ridiculement minime.

L'expert insinuant, qui, sans que vous vous en doutiez, vous colloque ce dont vous n'avez pas la moindre envie.

L'expert larmoyeur, qui, tout le temps de la vente, gémit sur la nécessité où il est de vendre pour rien des tableaux magnifiques.

Mais si ces messieurs ne se font pas toujours un scrupule sérieux d'égarer les autres, ils ne rougissent pas non plus de se tromper quelquefois assez gravement eux-mêmes.

Le moment est venu de mettre en lumière quelques

BÉVUES D'EXPERTS

Cette tâche pénible a d'ailleurs son côté amusant.

Un des plus terribles pataquès artistiques que j'aie jamais constatés est celui-ci :

Un amateur, désireux de réaliser, avait donné à F... (expert bourru) un tableau de sainteté que celui-ci s'était chargé de glisser dans une vente.

— Que représente-t-il, votre tableau? avait demandé F..., qui ne se pique pas de connaissances historiques.

— C'est un sujet tiré de l'Apocalypse, répondit l'amateur.

Le jour venu, l'expert F... met le tableau sur table en ces termes :

— Messieurs, nous vous vendons maintenant un très-beau tableau de sainteté d'après l'Apocalypse.

— D'après l'Apocalypse? fit quelqu'un.

— Oui, messieurs, reprit l'expert, l'Apocalypse est un maître allemand peu connu à Paris, mais dont les tableaux sont très-estimés à l'étranger.

C'est ce même appréciateur qui, ayant lu autour d'une tête de Christ cet exergue : *Salvator mundi* (Sauveur du monde), prenait cette inscription pour la signature d'un peintre vénitien, Salvator Mundi, rival de Salvator Rosa.

J'ai chez moi des catalogues qui contiennent par centaines des impossibilités dont plusieurs semblent imaginées à plaisir.

J'ai déjà parlé ailleurs de cette bizarre attribution :

Portrait de Louis XV par Vélasquez, qui vivait sous Louis XIII.

J'en lis une autre du même genre :

Portrait de Mme *Deshouillères*, par François Boucher.

Le portrait représente une toute jeune femme; or, quand Mme Deshouillères est morte et morte très-âgée, Boucher avait six ans à peine.

Un tableau représentait une femme lavant la vaisselle. L'expert avait cru faire acte d'érudition profonde en inscrivant :

Portrait de la femme de Rubens par lui-même, et entre parenthèse : on sait que Rubens avait épousé sa cuisinière.

Quand les experts commettent des fautes d'orthographe artistiques d'un aussi gros calibre, je crois qu'il faut avoir quelque indulgence pour les infortunés amateurs qui en sont victimes.

Heureusement l'expert ne vit pas seulement de science, il vit aussi d'adresse, d'habileté, de coup d'œil. Son grand mérite est de savoir l'heure à laquelle il faut mettre sur table tel tableau plutôt que tel autre, de saisir d'un regard la composition de la salle, et de demander ses prix selon qu'elle est remplie d'amateurs sérieux ou simplement de revendeurs.

Cette question de l'heure où un objet est mis sur table a une telle importance, au point de vue du prix de l'adjudication, qu'il y a à l'hôtel des ventes des gens dont tout le commerce consiste en ceci : acheter quelque chose à deux heures, c'est-à-dire au moment où commence la vente, et faire revendre quelques jours après ce quelque chose à trois heures et demie, quatre heures moins un quart.

Ce simple écart de moins de deux heures, qui permet aux gens du monde et surtout aux boursiers d'arriver, amène quelquefois dans les prix de notables différences en plus.

J'ai connu un habitué de l'hôtel qui avait fait une espèce de vœu : celui d'acheter toujours le premier tableau de la vente à laquelle il assistait. Or, il faut croire que ce système lui a réussi, car je l'ai vu encore la semaine dernière fidèle au poste et se faisant adjuger une toile qu'il n'avait pas même pris la peine de regarder.

III

LES AMATEURS

Les amateurs se divisent en trois grandes classes
dont chacune contient un certain nombre de genres et de sous-genres, de spécialistes et de mo-
nomanes, dont les toquades et les habitudes sont
essentiellement du ressort de l'étude psychologico-
artistique que nous poursuivons.

La première des trois grandes classes dont nous
parlons se compose des amateurs qui payent un
objet plus cher qu'il ne vaut;

La seconde se compose de ceux qui payent ledit objet ce qu'il vaut ;

Et la troisième de ceux qui payent le même objet moins cher qu'il ne vaut.

Il en est de ces trois classes comme des humanités qu'on fait au collége. Pour arriver à la troisième, qui est la terre promise de l'acheteur, il faut fatalement passer par la première et traverser la seconde.

Et combien en ai-je vus qui étaient ruinés avant d'avoir fini leurs études !

Les amateurs qui achètent au-dessus du cours se subdivisent eux-mêmes en deux catégories d'individus :

Les hommes sincères et les poseurs.

Remarquez que cette sincérité n'est pas une preuve de connaissance; il y a des gens qui mettent la plus grande conviction à acheter un Galimard pour un Titien.

A la vente de M. Patureau, une Vierge de l'école flamande, qui était, je crois bien, de van den Eckout ou de Govaert Flinck, a été cataloguée comme

Murillo et adjugée à quarante-neuf mille cinq cents francs.

Il est évident que l'adjudicataire était convaincu; les poseurs vont rarement si loin, mais il n'en a pas moins payé son tableau quarante-neuf mille francs de plus qu'il ne valait.

Mais, connaisseur ou non (et les vrais connaisseurs sont tellement rares, tellement rares que c'est tout au plus la peine d'en parler), l'homme sincère a au moins cette qualité relative qui consiste à se composer une collection pour sa jouissance personnelle et non pour avoir le droit de dire : *Ma galerie!*

Les poseurs, dont la race pullule à l'hôtel des ventes à mesure que les vrais connaisseurs deviennent plus rares, les poseurs se recrutent presque toujours parmi les gens très-riches qui se font amateurs de tableaux pour être quelque chose.

L'hôtel des ventes n'est pour eux qu'une sorte de jockey-club où ils engagent des enchères sur des tableaux, comme on engage ailleurs des paris sur des chevaux ou des jockeys rouges ou verts.

S'ils tombent juste, tant mieux, sinon ils vont grossir le nombre des infortunés qui boivent incessamment des *bouillons* à cette immense marmite qu'on appelle l'hôtel Drouot, et tout est dit.

Mais quand un amateur poseur ou sincère est signalé par la bande noire comme achetant généralement les objets plus cher que leur prix réel, il est perdu, il faut qu'il s'expatrie ou tout au moins qu'il fasse le vœu solennel de ne plus mettre les pieds dans les salles funestes où il trouvera à chaque pas des piéges tendus et des trappes ouvertes.

On se le renvoie, on se le repasse. Pierre lui fait acheter un tableau qui est chez Paul; Paul lui conseille d'aller voir un tableau qui est chez Pierre. Dès l'aube on voit entrer sous sa porte cochère des gens mal mis cachant sous des paletots graisseux des objets de forme ovale ou carrée : ce sont des chefs-d'œuvre : des Rembrandt, des Terburg, des Gérard Dow qu'on vient de découvrir par le plus grand des hasards dans une famille pauvre et qu'on lui laissera à dix mille francs pièce, *parce que c'est lui.*

Voilà le sort de l'homme qui achète trop cher. Il est bien peu d'amateurs à Paris qui ne l'aient éprouvé pendant un temps plus ou moins long. Mais c'est surtout en fait d'achats de cette nature qu'il faut de toute nécessité faire ce qu'on nomme vulgairement

DES ÉCOLES

Or, chose douloureuse et désespérante! ces écoles, il faut les faire soi-même. Ce genre de conscription n'admet pas le remplacement. Quand vous aurez été berné, trompé, volé; quand vous aurez revendu trente francs en vente publique ce que vous avez acheté douze cents francs à l'amiable, alors vous sortirez peu à peu de ce brouillard dans lequel s'agite tout collectionneur à son début et vous quitterez la division des gens qui achètent les objets plus qu'ils ne valent pour entrer dans celle des amateurs qui payent les objets ce qu'ils valent.

Cette période de la passion des tableaux est la plus saine et la plus honorable..C'est où en sont arrivés les vrais et sérieux amateurs dont les opinions et les jugements ont force de loi.

Acheter un tableau ce qu'il vaut paraît au premier abord une opération assez simple. Je n'en connais pas de plus compliquée.

La mode est à l'art ce qu'elle est à la toilette et même aux réputations. Aujourd'hui des chapeaux sur la nuque, demain des chapeaux sur le nez. Avant-hier Léotard, hier Rigolboche, aujourd'hui les pièces de Sardou, demain les romans de Cabassol ou de Brisemiche.

L'hôtel des ventes offre en petit une parfaite image des fluctuations sociales auxquelles nous sommes tous soumis. Le maître qui, l'année dernière, se payait trois mille francs l'esquisse ne se paye plus que quinze cents francs cette année et ne se payera peut-être pas deux cent cinquante francs l'année prochaine.

L'amateur qui a le droit de se donner ce nom, si rarement justifié, asseoit son opinion sur des bases infiniment moins fragiles. Il ne se demande pas ce que le tableau se paye, il se demande ce qu'il vaut, et il achète en conséquence.

La grande science est donc de savoir prendre cette moyenne à peu près pour tous les maîtres, et, une fois la moyenne trouvée, de savoir attendre que l'engouement public, en tombant peu à peu, vous permette d'aborder ce qui la veille était inabordable.

EXEMPLE:

De deux adorables peintres vénitiens, qui, bien que n'ayant pas vécu précisément à la même époque, ont ensemble une grande affinité, Guardi et Tiepolo; l'un, Guardi se vend des prix excessifs; l'autre, Tiepolo, se donne pour rien. Qui expliquera cette espèce de tarif bizarre que les ama-

3.

teurs semblent avoir fixé entre eux. Personne, si ce n'est la mode.

Les deux maîtres ont les mêmes qualités, le même brillant, la même audace, et, à coup sûr, si l'un doit l'emporter sur l'autre, Tiepolo tiendrait la corde. Pourquoi donc ce qu'on a de l'un pour deux mille francs l'a-t-on de l'autre pour deux cents? Il est à peu près impossible de donner là-dessus une explication quelconque. Seulement il est plus que probable que d'un jour à l'autre les acheteurs lassés de Guardi vont mettre aux nues Tiepolo, qui se donnera à son tour pour deux mille, quand son rival se donnera pour deux cents francs.

C'est dans ces calculs différentiels qu'il faut bien se garder de s'embrouiller.

L'amateur maladroit payera chacun des maîtres deux mille, le marchand les payera deux cents l'un et l'autre. L'amateur sérieux les payera moins de deux mille, mais plus de deux cents.

Ceux qui, en thèse générale, achètent les tableaux moins chers qu'ils ne valent forment un

noyau d'habitués de l'hôtel auxquels on a donné
le nom d'

AMATEURS-SPÉCULATEURS

Ils composent l'immense majorité de ceux qui
fréquentent assidûment la salle Drouot et font aux
marchands une concurrence d'autant plus dangereuse qu'elle est presque toujours occulte.

Le lecteur peut m'en croire sur parole et sans
que je sois obligé de lui citer des noms; il y a peu,
très-peu, extraordinairement peu d'amateurs qui,
à un moment donné, ne deviennent spéculateurs,
et une fois qu'on a mis le pied dans la spéculation, surtout si l'affaire est bonne, il est bien difficile de ne pas recommencer de temps en temps.

Bien des gens seraient surpris si je leur disais
que monsieur un tel, qui porte un nom historique et qui passe pour avoir une si grande fortune,
ne dédaigne pas de renforcer annuellement son

revenu d'une dizaine de mille francs gagnés dans les ventes, achats et échanges de tableaux dont il ne cesse de s'occuper.

J'ai même le regret de le constater, et je doute que personne me démente, les amateurs marchands sont, la plupart du temps, infiniment plus roués et plus durs à la détente que les marchands eux-mêmes.

Allez donc rabattre quarante francs sur un tableau quand celui qui vous le vend a eu des ancêtres aux croisades. Du reste, les simples négociants en boutique apprécient si bien cet avantage qu'ont sur eux les amateurs spéculateurs, qu'ils leur donnent souvent à vendre, avec une prime de tant pour cent, les tableaux dont ils auraient peine à se défaire dans leurs magasins.

« Qu'avez-vous donc fait de cette petite tête de Vanloo qui était chez vous? demandai-je dernièrement à un marchand fort connu.

— Je l'ai envoyée chez le marquis de V..., qui m'a promis de me la vendre, » me répondit-il.

IV

A côté des amateurs-marchands qui d'une passion ordinairement ruineuse ont fini par faire un petit métier très-lucratif, se place l'homme qu'on peut appeler le *Marchand malgré lui*. C'est l'amateur assez à son aise pour s'offrir de temps en temps quelque tableau, mais à qui le rêve d'une collection complète est interdit.

Or, il en est de la passion des objets d'art comme de toutes les autres passions : la possession éteint l'enthousiasme. Après avoir poursuivi un tableau comme Ravel poursuit son chapeau de paille d'Italie dans la pièce de ce nom, vous êtes tout surpris une fois qu'il est accroché à votre mur de vous sentir subitement glacé à son endroit.

Peu à peu ce refroidissement devient du dégoût, quelquefois même une antipathie véritable. D'ailleurs vous avez lorgné un autre tableau que vous considérez comme infiniment supérieur. Malheureusement tout l'argent qui devait servir à acheter le second a été mis dans l'achat du premier. Que faire? Rien de plus simple. Envoyer celui-ci à l'hôtel des ventes afin de retrouver de quoi payer celui-là.

Les amateurs qui achètent pour revendre ont presque tous une façon à eux de comprendre le tableau et arrivent parfois avec des moyens absolument différents au même résultat, qui est d'élever des Claude Lorrain, des Wouvermans ou des Albert Cuyp et de s'en faire le plus de rentes possible.

L'un, que nous appellerons

LE MAQUILLEUR

a la spécialité des tableaux refaits. C'est l'idole des restaurateurs de peintures. Vous le voyez un jour à l'hôtel des ventes poussant avec acharnement un portrait de vieille femme aux joues tombantes et au nez à tabac. On le lui adjuge et i part triomphant.

— Que diable voulez-vous faire de cette horrible toile? ne pouvez-vous vous empêcher de lui demander. Serait-ce un portrait historique?

— Du tout, vous répond le maquilleur, seulement j'ai un projet.

Deux mois après vous revoyez sans le reconnaître le portrait aux commissaires-priseurs. La vieille femme est devenue jeune comme par enchantement, les rides ont disparu, les joues tombantes ont repris le plus pur ovale. Il ne reste absolument rien du personnage que le costume et les draperies, et vous achetez de confiance ce *re-maquillage* pour un portrait de madame Dubarry peint par Drouais ou peut-être Chardin.

Le maquilleur finit presque toujours par prendre à sa petite industrie un goût tel qu'il ne peut plus posséder un tableau quel qu'il soit sans céder à la tentation d'y faire ajouter un ou deux personnages. C'est un tic.

J'étais dernièrement au Louvre avec un amateur très-connu, excellent homme, mais maquilleur en diable. Après avoir exploré la grande galerie, nous nous arrêtâmes devant l'Hobbéma que l'administration a tout récemment acheté moyennant cinquante-deux mille francs.

J'insiste sur le prix pour faire comprendre à ceux qui n'ont pas vu cet admirable paysage jusqu'où doit être poussé le respect pour un chef-d'œuvre de cette nature.

—- C'est bien beau, me dit naïvement le maquilleur, mais si j'avais ce tableau-là, savez-vous ce que je ferais?

— Non.

— Je ferais peindre tout à fait au troisième plan un petit homme à cheval qui passerait dans le fond. Vous ne vous figurez pas comme ça animerait le paysage. C'est un tableau qui gagnerait cent pour cent.

Le maquilleur a son système, le

NETTOYEUR

a le sien.

Moins téméraire, moins aventureux que son confrère, le nettoyeur borne sa spéculation à ceci : il achète des tableaux noirs comme de l'encre et les frotte, les lave, les passe à l'essence, à l'esprit-de-vin, à l'eau seconde jusqu'à ce qu'ils deviennent clairs comme du cristal de roche. Vous pensez si les œuvres ainsi blanchies laissent dans cette lessive de leur fleur et même de leur épiderme. N'importe; le nettoyeur poursuit la proprêté avant tout. Il faut que le tableau s'éclaircisse ou qu'il dise pourquoi.

Souvent il ne dit pas pourquoi et finit par s'éclaircir si bien qu'il disparaît tout entier. Prenez un Rubens et faites-le passer successivement par les mains de quatre ou cinq nettoyeurs, quand il vous reviendra vous verrez ou plutôt vous ne verrez pas ce qui en reste.

Le nettoyage est la mort aux tableaux comme les épinards sont la mort au beurre. Cette dangereuse et presque toujours funeste opération est quelquefois nécessaire, mais il faut mettre à la pratiquer la même circonspection qu'un chirurgien met à amputer une jambe, c'est-à-dire quand il est bien constaté qu'il n'y a pas d'autre moyen de sauver le sujet.

Un grand nombre des plus beaux tableaux du Louvre, intempestivement nettoyés et déplorablement restaurés, sont aujourd'hui à peu près perdus. La *Charité* d'André del Sarte, la *Vierge au linge* de Raphaël, l'*Archange saint Michel* de Raphaël, la *Kermesse* de Rubens, les *Noces de Cana*

de Paul Véronèse, la *Cuisine des anges* et la *Nati-*
vité de Murillo, le *Saint Jean* de Tobar, la *Vierge*
de Carle Maratte et tant d'autres dont nous lais-
sons le remords aux coupables.

Ces exemples saisissants n'ont pourtant pas arrêté le nettoyeur, au contraire. Mais, comme tout
excès traine après soi un réactif, le nettoyeur n'a
pas tardé à trouver un dangereux rival dans

LE SALISSEUR DE TABLEAUX

L'abus du nettoyage a donné une grande valeur
aux tableaux dits *sous crasse*. Un tableau sous
crasse, c'est l'inconnu. Sous cette triple ou qua-
druple couche de vieux vernis mélangé de poussière qu'y a-t-il, une croûte ou un chef-d'œuvre?
Personne ne peut le dire, mais tout le monde
veut le savoir. Le Français né joueur met volontiers quelques louis sur ce coup de fourchette.

Le salisseur de tableaux connaît le cœur humain et il abuse de sa science. Noir de fumée, jus de réglisse, cendre délayée se mêlent et se superposent à qui mieux mieux, et après avoir acheté à l'hôtel un tableau remis à neuf, il l'y renvoie remis à vieux. Si bien que le nettoyeur qui l'achète dans l'intention de le débarbouiller de fond en comble, est quelquefois tout surpris après le premier lavage de se retrouver tout à coup face à face avec une peinture inédite qu'il avait nettoyée quinze jours auparavant.

Autour de ces types d'amateurs-marchands viennent s'en grouper d'autres qu'il nous est impossible sous peine de forfaiture de ne pas indiquer.

Indépendamment des ventes qui se composent de collections complètes, très-souvent des amateurs se réunissent pour former une ou deux vacations à l'aide de tableaux ou d'objets d'art dont chacun apporte sa quote-part. Dix, douze ou quinze intérêts divers sont donc en jeu. Il faut alors recueillir pendant l'exposition les mots à double entente, les généalogies compromettantes que

donne d'un tableau, d'une porcelaine ou d'une
majolique le possesseur du tableau, de la porcelaine ou de la majolique placée à côté.

Là, comme partout, plus que partout peut-être,
on rencontre

L'ÉREINTEUR

L'éreinteur de pièces n'a généralement qu'un
but : se substituer à celui qu'il éreinte. L'éreinteur de tableaux a souvent tant de motifs pour
déclarer exécrable la toile qu'on lui met sous les
yeux, que l'infortunée peinture a bien de la peine
à en réchapper.

1° Supposons que l'amateur ait lui-même quelques tableaux dans la vente dont il vient visiter
l'exposition, s'il a des éloges à distribuer il est
évident qu'il les portera de préférence sur les objets qui lui appartiennent, et que plus il se mon-
trera prolixe et enthousiaste à son endroit, plus

il devra rester sobre à l'égard des autres, dans l'intérêt de sa vente.

2° Supposons maintenant que cet amateur découvre dans la salle un tableau dont il ait envie; le seul moyen de l'avoir bon marché au jour de l'adjudication, c'est évidemment de le traiter avec un dédain apparent, car en même temps qu'on éloigne ainsi la concurrence comme acheteur, on porte comme vendeur l'attention du public sur les objets dont on veut se défaire.

Une vente est donc à vrai dire un combat pour tout le monde, pour celui qui achète, pour celui qui vend et quelquefois pour l'étranger qui ne remplit aucun de ces deux rôles et qui souvent lutte avec lui-même pour ne pas se laisser entraîner à quelque dépense folle dont le contre-coup pourrait se faire longtemps sentir.

Ce que le public ignore généralement, c'est que neuf fois sur dix, quand on pousse un objet quelconque à l'hôtel des ventes, l'homme qui pousse contre vous est le propriétaire même de l'objet. Il examine attentivement la chose sur la table, la fait passer, la redemande afin de l'examiner mieux encore comme s'il ne l'avait jamais vue de sa vie, puis se décide à lancer une grosse enchère. Vous vous piquez d'honneur et vous allez de l'avant. Votre adversaire ne vous lâche pas, et tantôt ayant le dessus, tantôt le dessous, il vous mène ainsi jusqu'au chiffre qu'il a fixé lui, et que vous payez, vous.

Une vente, je l'ai dit, est un combat dont ces petites roueries sont les ruses de guerre.

V

LE MARCHAND

Le marchand qui fréquente assidûment l'hôtel des ventes a dans le public une réputation effroyable. On s'accorde généralement à dire qu'il fait partie d'une société quasi secrète créée pour l'exploitation de l'amateur, et que tous les négociants qui se nourrissent à ces docks de la curiosité forment un bataillon sacré dont chaque soldat a juré de mourir plutôt que de permettre au simple bourgeois d'entrer dans la place.

Cette armée, qui avait ses colonels et qui a eu

ses héros, s'appelait autrefois la *bande noire*, et ce nom seul suffit à caractériser la terreur qu'elle inspirait et qu'elle inspire encore à l'acheteur naïf qui n'oserait pas se permettre de faire acquisition d'un porte-plume à l'hôtel Drouot, de peur que la *bande noire* le lui fît payer cinq où six fois sa valeur.

Faire partie de la bande noire ou d'une bande de chauffeurs, pour bien des gens, c'est tout un.

Je demanderai la permission d'entrer tout botté dans cette légende et d'essayer de persuader au lecteur que la bande noire n'existe pas, à l'hôtel Drouot s'entend, et qu'à vrai dire elle n'y a jamais existé.

Autrefois, il y a déjà fort longtemps, après le bouleversement artistique provoqué par la Révolution, les tableaux, objets précieux et curiosités de toute sorte se dispersèrent de mille et un côtés, et restèrent plusieurs années avant de reprendre une place, soit dans les musées, soit dans les collections particulières.

De 1810 à 1825 il n'y eut presque pas de jour -

qui ne fût signalé par la découverte de quelque
chef-d'œuvre abandonné ou enfoui. Et c'est grâce
à la situation tout exceptionnelle où s'est trouvé
alors l'art en France que les hommes de goût et
d'érudition, comme MM. Sauvageot, Dablin et
quelques autres, ont pu, pour des prix relative-
ment minimes se composer des galeries dont la
valeur pécuniaire est devenue depuis incalculable.

Les marchands savaient très-bien que cet état
de choses ne pouvait durer. Il était donc assez naturel qu'ils cherchassent à l'exploiter pendant
qu'il était encore exploitable. Aussi les principaux brocanteurs, dans un but d'accaparement facile à comprendre, avaient-ils formé une sorte
d'association au moyen de laquelle ils devaient
attirer à eux tout ce qui plus tard pouvait être revendu avec un bénéfice considérable.

De cet accord parfait est née l'opération du

REVIDAGE

Quand un bourgeois poussait un objet de prix, les marchands, fidèles à leur tactique, poussaient sur lui afin de le décourager, mais souvent le bourgeois entêté enchérissait de plus belle jusqu'à ce qu'enfin, effrayé ou lassé, il s'arrêtât court, laissant l'objet à un des marchands, qui le payait ainsi beaucoup plus que le prix qu'il s'était fixé à lui-même.

C'est alors que, la vente finie, les confrères de l'adjudicataire se réunissaient chez un marchand de vins qui avoisinait l'hôtel Bouillon (nom prédestiné), et après une estimation impartiale de la chose adjugée, on rendait au marchand acquéreur tout ce qu'il avait payé en sus, à seule fin de soutenir l'honneur de la corporation.

Tel était le revidage à perte, le seul qui s'exerce

encore aujourd'hui, c'est le revidage à bénéfice auquel nous consacrons plus loin un chapitre spécial. Mais disons dès maintenant que ce n'est pas dans les ventes publiques de l'hôtel Drouot qu'il peut trouver de quoi s'alimenter.

Ce ne sont plus là les marchands qui contrecarrent les achats du bourgeois, c'est le bourgeois qui impose silence aux marchands.

Parmi les marchands plusieurs sont des hommes très-distingués, infiniment plus distingués quelquefois que l'amateur à qui ils vendent. La plupart parmi ceux-là sont des natures passionnées pour les arts et qui, n'ayant pas une fortune personnelle en rapport avec leurs goûts, se sont lancées carrément dans le commerce.

Le marchand homme du monde est presque toujours un vrai connaisseur. Le plus fort sans contredit de tous nos appréciateurs de tableaux, M. Héris, expert du musée de Bruxelles, a fait le commerce toute sa vie.

Cet homme extraordinaire, qui a en peinture ce que j'oserai appeler la seconde vue et qui pressent les beaux tableaux avant même de les avoir regardés, a enrichi nombre d'amateurs qui, en faisant leur vente (il arrive toujours un moment où l'on fait sa vente), ont été fort surpris de voir les toiles qu'ils avaient achetées à M. Héris monter à trois ou quatre fois le prix qu'ils les lui avaient payées.

M. Otto Mündler, chargé des achats pour le musée de Londres, est un connaisseur dont les décisions et les conseils sont fort respectés. C'est dans ce monde que se font

LES COUPS

Faire un coup à l'hôtel des ventes n'implique aucune idée fâcheuse. On appelle faire un coup acheter cent francs ce qu'on peut revendre cinquante mille.

Il y a des exemples de coups fameux. Celui que

nous allons citer est éminemment instructif. Un petit propriétaire avait acheté, pour égayer son salon, un tableau à un brocanteur de la place de la Bourse, moyennant deux cents et quelques francs.

Le tableau était très-enfumé et l'acquéreur le porta au nettoyage. Quand la peinture eut reparu, on découvrit que le tableau était une œuvre du Corrége fort connue, mais dont l'original était perdu depuis longtemps, l'*Attaque de la Tour d'amour*.

La nouvelle se répandit; le roi de Hollande fit faire au possesseur du chef-d'œuvre les plus brillantes propositions, et l'*Attaque de la Tour d'amour* fut cédée pour cent mille francs.

Jusque-là tout est pour le mieux; mais nôtre vendeur, convaincu qu'il allait trouver tous les jours des tableaux de cent mille francs, se mit à brocanter avec fureur. Les marchands envenimèrent de leur mieux sa maladie, et, au bout de deux ans, non-seulement les cent mille francs du roi de

Hollande étaient fondus, mais une petite maison que notre maniaque possédait rue Saint-Lazare était vendue, mangée, et lui-même après avoir rêvé de se faire des millions avec ses toiles, finissait par s'en faire des lits de sangle.

L'an dernier M. Mündler a trouvé deux magnifiques Vélasquez qu'il a revendus presque immédiatement cinquante mille francs pièce.

Chose inexplicable, les plus beaux coups se font presque toujours à l'hôtel des ventes, et ce, devant trois cents personnes qui n'y voient goutte. C'est seulement quand le tableau ou l'objet est adjugé que les écailles tombent et que les plus indifférents s'aperçoivent qu'ils viennent de laisser passer une occasion peut-être unique.

Les coups réellement réussis ont amené les coups manqués, parmi lesquels il faut bien citer les douze Titiens de M. Edmond About, lesquels, avant de provoquer un pèlerinage artistique au petit chalet des Thernes, avaient roulé dans toutes les salles de l'hôtel des ventes sans jamais parvenir à monter, l'un dans l'autre, à plus cent cinquante francs chacun.

Les marchands dont nous parlons plus haut sont rares à l'hôtel et considérés à l'égal des grands amateurs. Le gros de la troupe se compose généralement de personnages vêtus en Auvergnats de la décadence, et dont quelques-uns même ont l'air d'avoir posé pour les *Mendiants* de Callot.

Au premier abord on s'imagine simplement que ces êtres sordides sont des désœuvrés qui viennent à l'hôtel Drouot faute d'avoir un domicile pour se mettre à l'abri des courants d'air.

Mais on est tout surpris de voir que ce sont précisément les plus mal mis qui payent le plus cher.

Rien n'est bizarre comme ces mains sales passant des billets de banque et des pièces d'or au commissaire-priseur dont ils ont souvent la protection toute spéciale.

Quand on les a à peu près tous passés en revue, on en arrive à se demander si un tel désordre et une telle négligence dans la toilette n'est pas un effet de l'art. J'ai voulu m'assurer du motif de cette persistance dans le manque de linge, et j'ai fini par le connaître.

J'assistais un jour à une vente d'objets rares à côté d'un des marchands les plus incultes qu'on puisse voir. Il était couvert d'une lévite dont les bords étaient festonnés comme des pétales de tulipe; son pantalon, tout fendillé par l'usure, s'ouvrait aux genoux comme la gueule d'un brochet, et il avait poussé la fantaisie jusqu'à mettre son mouchoir de poche dans son chapeau dont le haut était découronné, de sorte que pour se moucher il plongeait la main dans l'ouverture comme dans un sac couvert.

Les poches de son gilet n'en étaient pas moins pleines d'or, et en voyant s'amonceler à côté de lui des curiosités de toutes les sortes et de tous les prix, je ne pus m'empêcher de lui témoigner mon étonnement.

— Je vais vous dire, me répondit-il d'un air fin, si je n'avais pas ce chapeau et cette redingote, mes clients croiraient que je gagne des mille et des cent avec mon commerce, tandis qu'en me voyant mis comme cela, ils s'imaginent que je suis un pauvre petit marchand et qu'ils m'enfoncent chaque fois qu'ils m'achètent quelque chose.

— Tudieu! lui dis-je, votre redingote est cousue de fil blanc, mais vos malices ne le sont pas.

VI

LE BROCANTEUR

A Hombourg, indépendamment des gros joueurs qui se laissent enguirlander par les beaux yeux du tapis vert, on rencontre les parasites du trente-et-quarante, ceux qui se contentent de ramasser les miettes de cette table toujours servie, qui forcent pour ainsi dire le hasard à leur faire quotidiennement une rente de quelques florins par jour, ceux enfin qui, selon l'expression de la langue verte, *jouent la carotte.*

On *joue la carotte* à l'hôtel Drouot comme à

Hombourg. Le brocanteur se distingue du marchand en ce que rarement il remporte chez lui l'objet qu'il vient d'acheter en vente publique. A peine l'a-t-il pris et payé qu'il va de salle en salle, hélant celui-ci, accostant celui-là et s'arrangeant presque toujours pour placer avant la fin de la vacation son acquisition avec un petit bénéfice.

On appelle ce genre de commerce :

LA VENTE SUR PLACE

La vente sur place est formellement interdite; c'est probablement pour cette raison que nombre de brocanteurs en vivent exclusivement.

Ce système de vente a souvent même produit des résultats bizarres. Comme l'ambition du brocanteur est généralement minime, il s'occupe rarement de savoir si le tableau qu'il a payé trente francs est une croûte ou un chef-d'œuvre. Ce qu'il lui faut à lui, c'est son dix, quinze ou vingt pour cent. Le reste ne le regarde pas.

On avait mis sur table, au début d'une vacation, une *Vierge à l'enfant* comme étant une copie d'après Carlo Dolci. Un revendeur sur place avait vu un coup à faire et s'était fait adjuger le tableau moyennant quarante-cinq francs.

Sa copie sous le bras il parcourait les salles en cherchant amateur, lorsqu'il rencontre M. Stenhaut, un des plus honnêtes, peut-être le plus honnête des marchands de tableaux.

— Combien votre toile? lui demande Stenhaut.

— Je viens de l'acheter quarante-cinq francs, répond le revendeur, donnez-moi dix francs de bénéfice et elle est à vous.

Stenhaut donna cinquante-cinq francs et prit immédiatement livraison.

En descendant l'escalier il est accosté par M. Horsin Déon, l'expert, qui ne peut s'empêcher de le féliciter de son acquisition.

— Oh! mon Dieu, si vous y tenez, dit le marchand, cette copie est à vous. Donnez-m'en quatre-vingts francs.

M. Horsin Déon donne les quatre-vingts francs et s'empare du tableau.

En l'examinant d'un peu près, l'expert n'eut pas de peine à reconnaître que la prétendue copie de Carlo Dolci était un original de Sasso-Ferrato.

M. Mündler arrivait à l'hôtel en ce moment. M. Horsin Déon lui fait part de sa découverte, et M. Mündler le supplie avec tant d'instance de lui céder ce Sasso-Ferrato, que moyennant un billet de cinq cents francs l'affaire se conclut dans les couloirs même de l'hôtel.

En une heure le tableau avait fait un bon chemin, et un quart d'heure plus tard M. Mündler, le dernier acquéreur, en avait déjà refusé douze cents francs à trois ou quatre amateurs.

Le revendeur sur place s'expose souvent à des déconvenues de cette nature, mais il ne s'en étonne ni ne s'en afflige.

Il se dit avec une philosophie pleine de logique que ce qu'il a perdu en gros en revendant cinquante-cinq francs un tableau qui en valait quinze cents, il le regagnera en détail en revendant cent francs ce qui n'en vaudra que vingt-cinq.

Une vente faite dans des conditions ordinaires est donc à peu près composée ainsi qu'il suit :

Un demi-quart d'amateurs riches,

Un quart d'amateurs aisés,

Un demi-quart d'amateurs marchands,

Un demi-quart de marchands,

Et un quart et demi de brocanteurs.

Au premier abord on serait disposé à croire qu'une vente étant formée d'objets en certaine quantité et d'une certaine qualité, les prix d'achat doivent monter en raison directe de la valeur intrinsèque desdits objets. Ce serait une erreur.

La valeur de l'objet est très-certainement pour quelque chose dans le prix d'achat, mais telle considération y est souvent pour beaucoup.

La plus productive de toutes est certainement

LA VENTE APRÈS DÉCÈS

Pourquoi?

D'abord parce que le vendeur posthume est rarement un spéculateur de profession, et qu'ainsi les objets qu'il livre au public, n'ayant guère quitté sa galerie ou son cabinet, ont pour les amateurs l'éminent attrait de l'inconnu.

En outre, il ne se négocie presque pas un objet à l'hôtel Drouot sans que le propriétaire soit là, poussant avec frénésie contre l'amateur assez imprudent pour s'obstiner. Dans l'hypothèse de la *vente après décès*, cette terrible concurrence n'est pas à craindre. Il y a bien l'héritier, l'héritier qu'on reconnaît à son air affairé et au crêpe de son chapeau, mais l'héritier ne connaît pas toujours la valeur artistique de la collection dont il hérite, il est conséquemment d'autant plus facile à intimider.

Je me souviens que sous Louis-Philippe on avait, une année, tiré sur le quai d'Orsay un feu d'artifice plus brillant que de coutume, pour fêter l'anniversaire de la glorieuse révolution de 1830. La foule s'étant agglomérée sur la terrasse du bord de l'eau, il y eut quelques accidents graves dont on parla beaucoup.

L'année suivante, la majeure partie du public se dit que la terrasse du bord de l'eau était dangereuse, et se garda bien d'y aller.

Qu'arriva-t-il? Ceux qui eurent la témérité de s'aventurer sur ce point redoutable le trouvèrent à peu près désert et virent admirablement et sans aucun péril le feu d'artifice.

Un fait analogue se passe maintenant chaque fois qu'on annonce une vente après décès. Chaque acheteur se dit :

— Le mort ne viendra pas pousser contre moi ce dont j'ai envie, bien sûr; risquons-nous.

Et, convaincu qu'il va tout avoir pour rien, chacun se rend à l'hôtel... où il trouve salle com-

ble et vient se butter contre des enchères insen-
sées.

Voilà pourquoi le rêve de tout vendeur intelligent serait d'assister lui-même à sa vente après
décès. Ce qui ne laisse pas que d'offrir des difficultés sérieuses, à moins d'être Charles-Quint ou
plus simplement le zouave pontifical Gicquel.

LES VENTES PAR AUTORITÉ DE JUSTICE

ont également leur clientèle, parce que tout devant y être vendu quand même, il arrive toujours
un moment où l'ardeur de l'enchérisseur s'éteint
et où par conséquent un objet de prix a des chances de rester au-dessous du cours.

Chacun se dit alors c'est moi qui l'aurai, et en
attendant cet objet au-dessous du cours on en
achète bien au-dessus quantité d'autres.

LES VENTES COMPOSÉES

sont formées par les marchands eux-mêmes, qui se réunissent alors pour mettre le public en coupe réglée. Ils organisent entre eux de véritables complots qui éclatent au moment où le commissaire-priseur lève son marteau.

Les habitués de l'hôtel savent de longue date à quoi s'en tenir sur la valeur morale d'une vente composée. Aussi ce genre de vente est-il mainte-nant excessivement déprécié. Les marchands ont tant fait pour déconsidérer leur marchandise, que si par hasard un objet de réelle valeur s'égare dans ces coupe-gorge, les acheteurs se disent : « Il doit y avoir quelque chose là-dessous ; » et le vendeur en est pour ses frais.

Les mauvais tableaux ont tué les bons. Il est vrai que les mauvais tableaux sont en majorité, et

qu'à notre époque les majorités ont toujours raison.

DU CRIEUR

On peut considérer l'acheteur comme l'ennemi
naturel du vendeur, mais ces ennemis ayant réci-
proquement besoin l'un de l'autre, sont forcés de
se ménager, que dis-je! de s'amadouer et de se
faire au besoin des politesses extraordinaires.

L'intermédiaire, le fil électrique, le câble trans-
atlantique chargé d'établir la communication entre celui qui achète et celui qui vend, c'est le
crieur.

A quelle classe de la société appartiennent les
crieurs? d'où sortent-ils? où ont-ils pris cet organe
qui tient ordinairement de la corne à bouquin et
de l'aboiement du chien-loup? Est-ce la nature,

est-ce l'étude qui le leur a procuré? Nous l'ignorons, mais ce que nous connaissons de cet être fantastique vaut la peine que nous fassions des révélations.

VII

CRIEURS ET COMMISSIONNAIRES

L'hôtel des ventes étant le grand centre de la duperie française, on s'y trompe non seulement sur les objets qu'on y achète, mais même sur les hommes qu'on y rencontre.

Il a dû vous arriver, en entendant le crieur s'essouffler à courir après une enchère qu'il essaye d'emporter d'assaut, répéter vingt fois de suite la même phrase et pousser trois heures durant les mêmes sons, de vous sentir pris de pitié pour cette pauvre victime du bibelotage et de vous dire :

— Faut-il qu'un être soit abandonné du ciel et des hommes pour consentir à faire un pareil métier moyennant un salaire qui doit être fort modique, si l'on en juge par le costume de celui qui le reçoit !

La première fois que ces doléances commenceront à vous envahir, vous pourrez les expulser violemment. Ce crieur dont la voix cassée et les habits sordides éveillent en vous des idées de souscription, il est riche, heureux, presque toujours rentier, souvent propriétaire. Il est de ceux qui, après avoir vécu dans la poussière, laissent à leurs enfants des maisons sur le pavé de Paris et des châteaux dans les départements.

S'il a du linge douteux ou plutôt hors de doute, c'est qu'il aurait peur de passer pour fier ; s'il porte de vieux paletots composés de trois draps réunis, c'est une façon à lui de protester contre les paletots neufs. Mais si l'argent faisait l'élégance, le crieur serait le roi des gandins.

Le crieur, en effet, servant d'intermédiaire entre l'acheteur et le vendeur, ne peut que gagner là où

les autres ne peuvent que perdre. Autrefois même
on n'envoyait rien à l'hôtel Drouot sans que le
crieur n'eût sa part de droit, ce qui finissait par
lui constituer un revenu qui grossissait avec le
nombre toujours croissant des ventes publiques.
Aujourd'hui ce salaire n'est plus exigible; il est
vrai qu'il n'en est pas moins exigé. On ne con-
traint personne à donner, mais malheur à qui
refuse!

Le plus connu des crieurs est Jean, un gri-
macier célèbre qui a été nourri dans le sérail de
la rue Drouot et en connaît tous les détours et
tous les tours. Homme dangereux, s'il en fut, il
prend les enchères partout. Si vous vous grattez
le nez, il met dix francs pour vous; si vous vous
mouchez, il considère cet acte de la vie privée
comme un signe affirmatif, et ajoute encore dix
francs.

Il s'est trouvé ainsi des individus à qui on adjugeait des objets dont ils n'avaient jamais eu la
moindre envie. Informations prises, c'était Jean
qui avait pris pour une enchère un geste, un

mouvement de tête ou un simple clignement d'yeux.

M. Jean passe pour très-riche. Il serait millionnaire que je n'en serais pas surpris. Ceux qui se taisent meurent sur la paille, il n'y a que ceux qui crient qui ne manquent de rien.

Le crieur est insolent, défiant et sceptique. L'habitude des belles choses au milieu desquelles il vit l'a bronzé sur l'enthousiasme. Il se défie un peu de tout, des hommes et des choses. Son œil américain sait découvrir le client sérieux ou l'enchérisseur non convaincu qui, une fois l'adjudication faite, jugera à propos de laisser l'objet, tous frais compris, au compte du commissaire-priseur, et d'aller voir dehors si le printemps s'avance.

Aussi, comme il sait demander un à-compte aux gens suspects, et comme il le demande d'une façon qui veut dire :

— Monsieur, vous me faites l'effet d'un farceur, faites-moi le plaisir de me passer des garanties.

Le crieur a une spécialité, celle de faire des

mots, et ce qui prouve combien l'éducation ouvre l'intelligence, ces gens dont l'origine est généralement fort basse ont fini par prendre au contact des hommes comme il faut un vernis de véritable esprit.

On vendait dernièrement le buste en biscuit de l'amiral Duquesne.

— Trente francs, le buste! hurlait l'aboyeur depuis dix minutes.

— Quel genre de biscuit est-ce? demanda quelqu'un.

— Parbleu! répliqua le crieur, c'est du biscuit de mer, puisque c'est le buste d'un amiral.

On venait d'adjuger un portrait d'infante attribué à Vélasquez, comme tous les portraits d'infantes.

L'acheteur, qui avait poussé le tableau sur l'étiquette et avant de l'avoir regardé de près, fut légèrement désappointé lorsqu'il en prit possession.

— Ah! s'écria-t-il, j'avais mal vu ce portrait, il est tout repeint.

— Eh bien! lui fit observer le crieur, de quoi vous plaignez-vous? Vous croyiez n'avoir acheté qu'un Vélasquez, et on vous donne des œuvres de cinq ou six peintres par-dessus le marché.

Le commissionnaire commence par accrocher et décrocher des tableaux; un peu plus tard il en achète et il finit par en revendre. Il est vrai que le règlement interdit formellement tout commerce aux employés de l'hôtel. Mais à quoi servirait un règlement, si ce n'est à être violé?

Plusieurs de ces commissionnaires à la veste soutachée et à la casquette marquée en lettres connues, sont, à l'instar des crieurs, propriétaires de maisons avec pignon sur rue.

Un entre autres possède aux environs de Paris une très-belle maison de campagne qu'il cherche à louer depuis deux ans à des conditions tellement avantageuses... pour lui, qu'il n'a pas encore pu mettre la main sur le locataire de ses rêves.

Aussi l'idée de sa maison ne le quitte-t-elle pas, et, tandis qu'il montre les tableaux aux amateurs il est bien rare qu'il ne trouve pas l'occasion de placer son petit boniment ordinaire.

— Monsieur, voilà un tableau qui va vous coûter cinq cents francs, eh bien, en mettant trois cents francs de plus par an, je vous offre une maison de campagne charmante avec rez-de-chaussée et premier, deux chambres d'amis, une cuisine énorme, un cellier, un grenier, une cave et à un demi-kilomètre à peine de la station du chemin de fer. Si j'ai un conseil à vous donner, c'est d prendre ça tout de suite.

Le commissionnaire lève également sur l'acheteur sa contribution quotidienne. La seule différence qu'il y ait entre celle-ci et celle qu'exige le crieur, c'est que l'obole au commissionnaire est obligatoire. Il existe ainsi dans les usages de l'hôtel des ventes une foule d'impôts non inscrits au rôle officiel, mais qui, étant acquittés absolument comme les autres, ne laissent pas que d'augmenter le cinq pour cent d'une façon assez sensible.

LES SALLES DU BAS

Il est bien peu de Parisiens qui n'aient visité au moins une fois dans leur vie les salles du haut de l'hôtel des ventes. Le nombre de ceux qui ont osé se risquer dans les salles du bas est infiniment plus restreint.

Cette réserve s'explique facilement.

On raconte souvent des faits d'asphyxie dont d'infortunés ouvriers ont été victimes en descendant dans des mines encore inexplorées. Je suis surpris qu'on n'ait pas eu jusqu'ici à enregistrer des accidents de cette nature dans l'histoire des salles dont nous parlons.

A quelque heure de la journée qu'on se hasarde à y entrer, on croirait toujours qu'une explosion de feu grisou vient d'avoir lieu. J'en appelle à l'odorat de tous mes concitoyens : le père Ducantal lui-même, malgré l'effroyable rhume de cerveau dont il était atteint, n'aurait pas pu y tenir.

La population qui s'y donne rendez-vous tous les jours de deux à six heures donne une idée assez exacte de l'ancienne petite Pologne.

— Il y a de ces têtes qu'on n'aperçoit que les jours de révolution, dit M. Prudhomme.

Il y a de ces têtes qu'on n'aperçoit guère que dans les salles du bas de l'hôtel Drouot, dirons-nous.

Les hommes y sont atroces, mais les femmes !... C'est évidemment là que Balzac est allé croquer ses profils de revendeuses et de marchandes à la toilette et que Gavarni a étudié ses types d'androgynes.

Il est vrai que la plupart du temps l'objet vendu vaut l'acheteur. Défroques inénarrables, meubles poussifs, loques retour de la Morgue, porcelaines fêlées, tessons de faïence, etc., etc., forment le noyau principal de ce singulier commerce.

Quelquefois cependant une faillite ou un décès amène dans ces cavernes des objets de valeur qui alors se vendent à des prix spéciaux devant un public spécial, mais l'*ordinaire* des salles du bas ressemble à celui des gargottes à trente centimes le plat.

Un jour que je m'étais précipité tête baissée dans une de ces ventes *mêlées*, je me rappelle avoir vu vendre en un seul lot :

Deux mètres de vieille dentelle,

Une cuillère à café en Ruolz,

Un loup en velours de coton,

Une réduction en plâtre de la Vénus de Milo et un petit cadre en bois noir avec son verre.

Cette collection, où l'art et l'industrie française étaient représentés à dose égale, fut adjugée moyennant un franc vingt-cinq centimes.

VIII

LES ABUS

Jusqu'ici nous avons surtout dressé un tableau monographique de l'hôtel Drouot. Par malheur ce grand bazar n'a pas seulement des côtés pittoresques il a aussi des côtés fort abusifs dont l'évidence, j'en suis sûr, sautera aux yeux du lecteur comme elle a sauté aux nôtres, après un examen même superficiel de l'ordre et de la marche des ventes par adjudication.

Ces abus sont tellement nombreux que nous ne

pouvons avoir la prétention de les signaler tous.
On voudra bien nous pardonner les omissions en
faveur des constatations. Il est aussi difficile de pénétrer dans toutes les irrégularités qui se commettent à l'hôtel Drouot que de savoir au juste le
nombre exact des bonnes occises par Dumolard.
Mais les faits et les chiffres que nous allons soumettre au lecteur sont déjà, il nous semble, passablement éloquents.

M. J. Masson, secrétaire de la commission des
commerçants de Paris, a réuni, dans une excellente
brochure, tous les griefs légitimes du commerce
contre la compagnie des commissaires-priseurs.
Nous puiserons plusieurs de nos preuves à l'appui
dans les pièces justificatives dont les négociants
de Paris ont étayé leurs réclamations. De cette
façon les erreurs et les malentendus deviendront
à peu près impossibles.

La première illégalité me paraît résider dans
les énormes bénéfices réalisés annuellement par
les commissaires-priseurs, bénéfices qu'on peut
évaluer ainsi qu'il suit :

La bourse commune rapporte à chacun des commissaires 5,500 francs, soit pour quatre-vingts commissaires-priseurs dont se compose la compagnie. . . . .   440,000 fr.

Les frais d'employés à l'hôtel s'élèvent environ à.   60,000

Les commissaires-priseurs qui font des ventes touchent une somme égale à la bourse commune, puisque cette dernière n'est que la moitié de leurs honoraires à six pour cent, soit. . .   440,000

Les ventes faites à l'hôtel s'élèvent en moyenne à cinq millions par an, sur lesquels les commissaires-priseurs perçoivent à leur bénéfice cinq pour cent des acheteurs, soit.   250,000

En outre, il existe pour eux un bénéfice illégal qu'il est possible d'évaluer à environ trois pour cent en plus sur le total des ventes. Il consiste en remises de moitié sur les affiches, remises de moitié sur les insertions, demandes de quinze ou vingt pour cent sur certaines ventes, expéditions, frais d'estimation, etc., soit. . .   440,000
                                                                    ───────────
Bénéfice réel et facile à prouver. . . . . .   1,630,000 fr.

On peut déjà avoir une idée de ce qui reste à ceux qui achètent comme à ceux qui vendent après que les bénéfices ont été ainsi écrémés par la compagnie des commissaires-priseurs.

Ce qu'il est difficile de croire c'est que tant de gens, commissaires-priseurs, experts, crieurs, commissionnaires, etc., s'enrichissent, non pas en vertu d'un ordre de choses régulièrement établi, mais par suite d'une simple tolérance de l'autorité.

Aucun décret n'a autorisé la création des hôtels de vente publique, ces hôtels ont été ouverts par les commissaires-priseurs de leur autorité privée, et la seule consécration que ces établissements aient jamais obtenue, c'est celle du temps.

La vente publique doit régulièrement avoir lieu à domicile, à l'exception des ventes par autorité de justice qui doivent se faire sur la place publique.

Le jour où l'hôtel des ventes fut bâti contrairement à la loi du 25 juin 1841, les commissaires-priseurs sortirent comme ils sortent encore journellement des prescriptions imposées par la loi, en englobant dans leurs ventes des marchandises de toutes sortes, ils devinrent marchands eux-mêmes et se trouvèrent posséder un monopole qui paralyse complétement le commerce.

Les commerçants non brocanteurs ont de tout temps élevé des réclamations énergiques contre le système des ventes publiques; mais en 1848 leurs plaintes se traduisirent sous forme d'adresse au gouvernement provisoire, qui s'empressa de remettre en vigueur un règlement continuellement violé.

D'abord, disaient les négociants, tous les acheteurs qui ont de l'argent comptant font, de préférence, leurs acquisitions à l'hôtel des ventes, en sorte que les marchands se trouvent obligés, la plupart du temps, de livrer leurs marchandises à crédit, ce qui leur occasionne souvent des pertes considérables.

Ensuite les ventes à l'hôtel favorisent les faillites et enlèvent aux créanciers le gage de leurs créances.

En effet, chaque citoyen pouvant faire transporter à l'hôtel les objets qu'il désire vendre et la vente s'opérant immédiatement sans publications et sans indication d'origine des marchandises, les créanciers des vendeurs n'ont aucun moyen de former opposition sur le prix de ces ventes.

Enfin, ces ventes facilitent en outre la disparition des objets provenant de sources illicites; car tandis que les marchands sont tenus de payer à domicile indépendamment de l'inscription des noms et adresses des vendeurs sur un livre de police, chaque personne peut faire vendre immédiatement à l'hôtel les objets dont elle veut se défaire et en toucher le prix sans être astreinte à une autre formalité que celle de donner son nom et son adresse, qui ne sont jamais vérifiés. Il est donc facile, à l'aide d'une fausse indication, d'échapper à toutes les recherches.

Cela est si facile, en effet, que nombre de voleurs usent de ce moyen pour se défaire du fruit de leurs *travaux*, et que l'hôtel Drouot se trouve faire ainsi, sans le savoir, concurrence aux maisons de recel. Il y a un mois à peine, le chef d'une société en commandite, pour l'exploitation des mobiliers, avoua, devant le tribunal, que la plupart des objets qu'ils dérobaient étaient revendus à l'hôtel Drouot.

Le vol commis, en 1850, au préjudice de madame de Caumont-Laforce, dans le magnifique hôtel situé avenue des Champs-Élysées, 78, a eu un grand retentissement. Un de ses domestiques, à qui elle avait confié, pendant un voyage en Angleterre, la garde de sa maison, réussit, en se faisant aider par deux malfaiteurs, à enlever la presque totalité des meubles qui garnissaient l'hôtel Caumont-Laforce.

On évalua les objets pris à soixante-dix mille francs.

Or, tout ce qui ne put être emporté fut vendu par les voleurs à l'hôtel des ventes, alors situé place de la Bourse, par le ministère de Me Trinquand, commissaire-priseur.

Cet infortuné fonctionnaire était fort innocent, bien entendu, et s'empressa de désintéresser madame de Caumont-Laforce, sitôt qu'il eut connu l'origine frauduleuse des meubles qu'il avait vendus; mais le tribunal de première in-

stance de la Seine ne l'en suspendit pas moins de
ses fonctions pendant un mois.

Malheureusement une suspension ne prouve
rien : il eût mieux valu forcer les commissaires-
priseurs en général et Mᵉ Trinquand en particulier
à l'observation d'un règlement, qui depuis longtemps est une lettre morte.

VENTE DE MARCHANDISES NEUVES

La loi du 25 juin 1841 interdit formellement
la vente des marchandises neuves par l'entremise
des commissaires-priseurs. Or, non-seulement
cette loi est quotidiennement mise de côté, mais
nombre de fabricants se livrent à la confection de
meubles destinés uniquement à être vendus à
l'hôtel.

Je vous laisse à penser si ces meubles, qui atteï-
gnent souvent les dernières limites du bon marché, sont solidement établis. Comme ils sont faits

pour être vus de loin, le marchand se contente
d'en soigner la façade, et après avoir acheté pour
une somme modique une magnifique armoire en
palissandre, vous êtes tout surpris, en vous trou-
vant chez vous en tête à tête avec votre acquisition, de constater que les serrures ne marchent
pas, que le bois joue comme un grec de profession,
que la feuille de palissandre est posée par une
sorte de procédé Ruolz sur des tiroirs en sapin,
et qu'enfin votre armoire que vous croyiez si bon
marché à soixante-dix francs serait chère à vingt-
cinq.

Dix, vingt, quarante, cent acheteurs furent
ainsi successivement pris au piége; mais quand il
fut bien avéré que les commissaires-priseurs vendaient à l'hôtel des marchandises neuves et faites
pour le prix, le public devint méfiant et les con-
fectionneurs en furent pour leurs frais de palissandre.

Que firent-ils alors? Pour donner une apparence
d'occasion à des marchandises neuves, ils louèrent
pour un jour ou deux des appartements vacants,

et en donnant la pièce au concierge ils y firent apporter les objets dont ils voulaient se défaire.

Cette vente industrielle ayant tous les dehors d'une vente à domicile, soit après décès, soit après faillite, le bon public y courait de nouveau, convaincu qu'il allait, cette fois, faire une affaire superbe.

Mais, rentré chez lui, il constatait de nouveau que la seconde armoire était sœur jumelle de la première, seulement qu'elle avait pris un autre chemin pour arriver au même but.

INTRODUCTION DANS UNE VENTE D'OBJETS ÉTRANGERS A CETTE VENTE

Tous les habitués des ventes publiques se rappellent la magnifique vente qui eut lieu par suite du décès de M. Hope, le banquier. Sa cave, qui était célèbre de son vivant, fut disputée après sa mort bouteille par bouteille.

Mais les amis même les plus intimes du défunt furent excessivement surpris d'apprendre là que les vins et les liqueurs n'étaient pas seulement de première qualité, mais surtout en aussi incroyable quantité. On mit en adjudication jusqu'à cinq mille bouteilles d'eau-de-vie !

On eut bientôt la clef de ce mystère. Des industriels... industrieux étaient parvenus à faire annexer à la vente de M. Hope un nombre considérable de bouteilles d'eau-de-vie, de liqueurs et de vins fins, lesquels bénéficièrent de l'importance de la vente et furent achetés à environ huit fois leur valeur.

Quelques plaintes s'élevèrent. Plusieurs dégustateurs déclarèrent que l'eau-de-vie, qui avait été adjugée en moyenne à douze francs le litre, était la même qu'on payait quarante sous chez tous les marchands de vin. On répondit à ces réclamations que, puisque ces immixtions étaient tolérées de temps immémorial, il n'y avait aucune raison pour que la vente de M. Hope eût des priviléges spéciaux, et l'affaire en resta là.

Depuis la vente Hope, l'introduction dans une vente d'objets étrangers à cette vente n'a fait que croître et embellir. La loi défend expressément cet abus, mais l'usage le consacre tous les jours.

La loi du 25 juin 1841 porte bien des peines disciplinaires dans le cas où des infractions seraient constatées. Malheureusement pour l'acheteur et heureusement pour le vendeur la pénalité consiste surtout en amendes inférieures de beaucoup aux bénéfices illicites qu'on peut réaliser en violant la loi. Il en résulte que ceux qui la violent ont tout intérêt à continuer leur commerce.

DROIT DE CINQ POUR CENT EN SUS DES ENCHÈRES

L'abus le plus gênant peut-être, mais qui en même temps de tous a le plus facilement passé dans les mœurs, c'est le droit de cinq pour cent exigé par tout commissaire-priseur en sus du prix d'adjudication.

Ce droit, vous l'acquittez sans murmurer. Eh bien, permettez-moi de vous apprendre ce que vous ignorez sans doute, c'est qu'il est absolument contraire à la loi du 18 juin 1843, qui dit formellement :

« Il sera alloué aux commissaires-priseurs 1º pour tous droits par chaque vacation de trois heures à Paris, Lyon, Bordeaux, Rouen, Toulon et Marseille *six* francs ; partout ailleurs cinq francs ;

« 2º Pour assister aux référés : cinq francs ;

« 3º Pour tous droits de vente : *six pour cent* sur le produit total des ventes. »

Voilà qui est clair. Eh bien ! voici comme on est parvenu peu à peu à transformer complétement le règlement : l'acheteur paye cinq pour cent en sus du prix auquel l'objet lui a été adjugé, et le vendeur paye dix pour cent, quelquefois plus, mais jamais moins.

De six à quinze pour cent de droits vous voyez qu'il y a loin. C'est donc neuf pour cent que les commissaires - priseurs s'allouent illégalement.

Or, quand on songe à quelle somme immense monte annuellement surtout depuis dix ans environ, le produit des ventes faites à l'hôtel Drouot, on peut être effrayé en pensant que ces neuf pour cent constituent par an au moins un million qui pourrait rester dans la poche des acheteurs.

En outre, si quelqu'un doit payer les six pour cent alloués par la loi, c'est évidemment celui qui vend et non celui qui achète. Il n'y a vraiment que le peuple français pour se soumettre aussi moutonnièrement à une tyrannie que rien ne justifie et n'excuse.

Vous entrez dans une salle où l'on vend un Raphaël ou un Léonard de Vinci, je suppose ; vous le poussez jusqu'à cinquante mille francs, et au moment de le payer un monsieur vient vous dire : Pardon, ce n'est pas cinquante mille francs, c'est cinquante-deux mille cinq cents francs que vous me devez.

Ce droit, presque inappréciable quand il s'agit d'objets de mince valeur, peut monter avec le prix

principal de l'objet en vente à des sommes considérables.

Lorsque le musée du Louvre a acheté moyennant cinq cent quatre-vingt-six-mille francs cette
vierge toute repeinte qu'on attribue à Murillo et
que jusqu'à preuve du contraire nous croyons
être d'Ozorio Ménessès, son imitateur, le prix total s'éleva à environ six cent seize mille francs,
c'est-à-dire qu'il fallut payer en sus près de trente
mille francs de droits.

Eh bien, si au lieu et place du musée du Louvre
un particulier s'était fait adjuger la fameuse *Con-
ception* et qu'il eût déclaré nettement, le texte de
la loi à la main, qu'il refusait ce surplus, je demande comment la chambre des commissaires-
priseurs s'y serait prise pour arriver à récupérer
son fameux cinq pour cent.

Outre les trente mille francs payés par le musée qui achetait, les commissaires-priseurs ont
exigé dix pour cent des héritiers du duc de Dal-
matie, soit soixante mille francs qui, ajoutés aux
trente mille, portent à quatre-vingt-dix mille

francs à peu près la somme des frais perçus pour la vente d'un seul tableau.

Ce prorata, fût-il légal, serait exorbitant. Or, quand on songe qu'il ne l'est pas, on est effrayé que dans certains cas la tolérance gouvernementale puisse aller aussi loin.

Les bons usages ont bien de la peine à s'introduire, mais les mauvais en ont encore plus à disparaître.

La magnifique vente de M. Patureau, qui s'est faite il y a environ quatre ans, produisit huit cent quarante mille francs. Les frais généraux s'élevèrent donc à plus de cent vingt-cinq mille francs.

Dans cette vente fut adjugée pour le prix de quarante-neuf mille cinq cents francs une Vierge à l'enfant dont nous avons parlé plus haut. Cette Vierge, attribuée faussement à Murillo, était tout simplement une composition de l'école hollandaise et valait au plus cinq cents francs, quoiqu'elle eût été payée autrefois sept cent cinquante francs par M. Patureau.

Les frais, tant de vente que d'achat, montèrent à six mille francs pour cette seule toile, c'est-à-dire à dix ou douze fois sa valeur réelle.

Il y aurait donc, non pas à opérer une réforme, mais à faire cesser un état de choses qui dure depuis longtemps en dépit d'une loi qui est cependant parfaitement claire.

Au reste, cette illégalité si évidente est entourée d'une foule d'autres illégalités non moins évidentes. Ce sont :

Les remises faites par les commissaires-priseurs pour obtenir des affaires et qui varient de un quart à moitié des honoraires;

Le prêt avec intérêt sur marchandises;

Les enchères poussées sans acheteurs;

Les en-sus du prix d'adjudication imposés au profit des employés.

Ces conditions pécuniaires imposées aux adjudicataires par les commissaires-priseurs en faveur de leurs agents, est un abus qui va peut-être en décroissant, mais qui subsiste encore. Nous avons sous les yeux une pièce authentique qui constate

que, dans une vente faite les 28 et 29 juillet 1848,
on a imposé aux adjudicataires l'obligation de
payer aux clercs et crieurs cinquante centimes
pour chaque lot, indépendamment, bien entendu,
des cinq pour cent déjà perçus contre toute justice.

ACTES DE COMMERCE ACCOMPLIS PAR LES COMMISSAIRES-PRISEURS

Il est absolument interdit aux commissaires-
priseurs de se livrer à aucune entreprise commerciale. Ce sont des officiers ministériels, et il
leur est défendu de se transformer en marchands.
Or plusieurs ne se font pas faute de sauter à pieds
joints par-dessus les défenses.

Je suppose qu'un tableau vous ait monté la
tête à une vente publique. Vous le poussez, le
commissaire-priseur le pousse avec vous, et le
tableau lui reste.

Le lendemain prenez la peine de passer à son

étude, vous avez grande chance d'y retrouver le tableau envié qu'il vous cédera, moyennant un léger bénéfice et en spécifiant que les frais de la vente seront à votre compte.

Si les commissaires-priseurs ne dédaignent pas toujours à un moment donné de se faire commerçants, jugez si les crieurs et les autres employés de l'hôtel Drouot s'en font scrupule.

Les crieurs, ainsi que le fait très-judicieusement observer M. Masson dans la brochure dont nous avons parlé, tirent un parti tellement avantageux de leurs fonctions qu'ils se sont, eux aussi, organisés en compagnie et qu'ils vendent leurs charges fort cher.

Les commissionnaires eux-mêmes, ces enfants de l'Auvergne, semblent avoir en franchissant le seuil de l'hôtel Drouot laissé à la porte leur naïveté native et proverbiale. De temps en temps ils se livrent de leur côté à de petits négoces profitables, il faut le croire, car ils vendent leurs charges jusqu'à cinq mille francs.

9

LES ENCHÈRES FICTIVES

L'enchère fictive règne en souveraine à l'hôtel des commissaires-priseurs. Au moyen de l'enchère fictive vous pouvez donner à un objet de deux francs cinquante une valeur de trois mille francs.

Je suppose que vous ayez mis en vente une potiche quelconque. Vous donnez le mot au commissaire-priseur qui la pousse sur vous tandis que vous la poussez sur lui. Le public assiste à cette lutte courtoise sans se douter que des deux enchérisseurs pas un n'a l'intention d'acheter la potiche sur table. Si une personne de bonne volonté et de bonne foi ne vient au secours des deux prétendus amateurs en poussant sérieusement l'objet poussé fictivement, la potiche rentre à son propriétaire qui la remet en vente le lendemain, le surlendemain et les jours suivants et ce jusqu'à ce qu'il ait rencontré l'acheteur de ses rêves. Or,

il faut bien le constater à la honte de notre goût;
il est bien rare qu'à un moment donné cet acheteur ne se présente pas.

Rien n'est plus facile à un vendeur que de prévenir un de ses camarades qui vient pousser
contre lui, et il serait à peu près impossible dans
ce cas de prouver la connivence du commissaire-
priseur; mais ce que ceux-ci auront plus de peine
à expliquer, c'est comment il se fait que très-
souvent les mêmes objets reviennent sur la table
sans être consignés au procès-verbal chaque fois
qu'on les y met.

Il est bien évident que le commissaire-priseur
fait alors une adjudication fictive sur des enchères
qu'il sait parfaitement ne pas être sérieuses.

LES CHEVAUX DE RETOUR

Dans le langage pittoresque des malfaiteurs on
appelle *cheval de retour* un condamné qui, après

avoir fait un certain temps de galères, passe avec l'État un nouveau bail non emphytéotique dans la rade de Toulon ou de Brest.

A l'hôtel des ventes un cheval de retour est un objet d'art ou un tableau qui, après avoir manqué son avenir dans une salle de l'hôtel, reparaît le lendemain dans une autre dans l'espoir de trouver enfin son amateur.

Il y a ainsi des toiles, j'en appelle à tous les habitués un peu assidus de l'hôtel, qui reviennent périodiquement dans les mains des commissionnaires, et cela non pas pendant quelques jours, mais pendant des mois et des années.

Je me rappelle un tableau sans cadre (le cadre eût fini par devenir gênant pour le transport) qui représente plusieurs accessoires. Un buste de femme est placé sur une table de chêne à côté d'un livre entr'ouvert. Une plume blanche flotte dans le fond sur une toque de velours. Eh bien! je n'exagère certes pas, voilà au moins trois ans que chaque semaine ce malheureux cheval de retour revient sur la table fatale précédé d'un nouveau boniment destiné à attendrir un public impitoyable.

Si, comme le sofa de Crébillon, ce tableau prenait tout à coup la parole, que de révélations il en résulterait et quelle lumière subite inonderait tout à coup ce modeste volume !

Cette toile, d'ailleurs plus que médiocre, ainsi que plusieurs autres de même valeur, a fini par élire domicile à l'hôtel, si bien que personne n'y fait plus attention et qu'elle semble être là comme les vieilles filles dans un bal pour y faire tapisserie. Elle et ses acolytes jouent à l'hôtel des ventes le rôle du papier à quinze sous le rouleau, que vous mettez dans votre salle à manger. Si quelque provincial égaré venait par hasard les arracher au milieu qu'elles habitent depuis si longtemps, je suis convaincu qu'elles reprendraient d'elles-mêmes le chemin de la rue Drouot et qu'elles viendraient *motu proprio* se raccrocher à leur pilon.

L'enchère fictive a encore un autre but dont le lecteur va comprendre toute l'importance.

Un marchand ou un amateur achète à un prix minime un tableau sur lequel il fonde des espérances de revente. Il l'envoie donc à l'hôtel Drouot en se chargeant de le pousser lui-même.

Le tableau vaut cent francs, le vendeur le pousse jusqu'à mille. Il est bien évident que l'enchère est fictive et que le faux chef-d'œuvre revient à celui qui l'avait envoyé à la vente. Vous demanderez quel avantage celui-ci peut retirer de cette combinaison. Le voici :

Après s'être fait adjuger son propre tableau, le marchand se fait donner un bulletin d'adjudication constatant le prix auquel il a été racheté. Et lorsqu'un acheteur vient chez lui, il lui montre confidentiellement le tableau en question en lui disant :

Tenez, voici une chose ravissante que je vous laisserai pour presque rien.

— Combien donc?

— Deux mille cinq cents francs.

— Diable! c'est cher!

— Comment, cher, pas plus tard que la semaine passée je l'ai acheté deux mille francs à l'hôtel des ventes, sans compter les frais; si vous en doutez, je vais vous montrer mon bordereau.

— Je ne dis pas, mais...

— Si, vous paraissez en douter, voilà mon bordereau.

Et le client finit quelquefois par mordre à l'hameçon.

On m'objectera que les commissaires-priseurs ne sont pour rien dans ce petit manége, qui peut se pratiquer non-seulement sans leur concours, mais encore malgré eux. Je répondrai à l'objection qu'il est d'autant plus fâcheux qu'une institution comme celle des commissaires - priseurs prête par son organisation même le flanc à de pareils abus.

Les maux les plus dangereux sont évidemment ceux qu'on ne peut empêcher et qu'on se trouve forcé de subir sans avoir le droit d'en accuser personne.

IL Y A MARCHAND

Vous compterez plutôt les grains de sable du bord de la mer que vous n'additionnerez combien de fois ce cri a retenti sous les voûtes du bazar Drouot.

Il y a marchand, c'est-à-dire il y a acheteur. Au premier abord, et même au second, le mot « marchand » paraît être passablement détourné de son sens; mais on fait voir aux habitués des salles de ventes tant de chandelles en plein midi, qu'une de plus ou de moins ne peut raisonnablement les effaroucher.

Si cette exclamation « il y a marchand, » que pousse comme un cri de triomphe le commissaire-priseur au moment où un objet se produit dans le monde, n'était qu'une antiphrase, nous ne nous donnerions pas la peine de la faire remarquer ; mais souvent ce n'est pas seulement une antiphrase, c'est surtout un leurre.

Après avoir annoncé d'une voix mâle : A cent francs, il y a marchand ! j'ai vu bien des crieurs, quand ils s'apercevaient que la foule ne répondait pas à l'invite à cœur, balbutier, rester cois, et finalement baisser leur enchère d'un ou de plusieurs degrés.

Quant au marchand en question, il n'existait que dans l'imagination trop volcanique de l'aboyeur.

Ce sont les divers abus que nous venons de signaler qui ont engagé à plusieurs reprises d'importants commerçants à demander purement et simplement la fermeture de l'hôtel Drouot comme un établissement illégal, immoral, ruineux pour les acheteurs et ruineux pour les négociants.

Nous serons moins exigeant. On démolit assez aujourd'hui pour que nous ne demandions pas qu'on ajoute une nouvelle démolition à toutes celles qui jonchent le sol ; mais, indépendamment des fraudes de détail, il y a là évidemment un vice d'ensemble, vice dont les conséquences deviennent tous les jours plus graves et contre lequel il n'est que temps de prendre un parti et d'essayer des remèdes.

Si l'organisation actuelle des commissaires-priseurs est un mal nécessaire, au moins faut-il en amoindrir les effets autant que possible.

Le défaut capital de l'institution, c'est évidemment l'omnipotence des commissaires-priseurs, qui sont maîtres dans leurs ventes comme feu Louis XIV l'était dans son royaume...

On a proposé comme palliatifs :

De leur adjoindre des inspecteurs spéciaux chargés de les surveiller et de relever scrupuleusement toutes les irrégularités ;

De leur interdire expressément d'adjoindre à une vente des marchandises étrangères à cette vente ;

D'exiger d'eux un inventaire exact et détaillé de tous les objets faisant partie d'une vente.

On a proposé mille autres mesures ; mais le corps

des commissaires-priseurs a tant fait, qu'on n'en
a adopté aucune.

Cette résistance de leur part prouve surabondamment qu'ils ont le plus grave intérêt à échapper à tout contrôle.

IX

LES INDUSTRIES COUPABLES

LE MONOGRAMMISTE

Les abus inhérents à l'organisation même de la
compagnie des commissaires-priseurs et du système des ventes publiques ont donné naissance
à une foule de professions d'autant plus inconnues
qu'elles ont un intérêt essentiel à ne pas se faire
connaître.

Le nombre des gens qui spéculent et grappillent sur l'égarement des amateurs et la fièvre des enchères a toujours été très-considérable, mais, au lieu de rétrograder, il augmente tous les jours. Ces industriels souterrains ont parfois bien de la peine à déclarer leurs professions quand, par hasard, un président de police correctionnelle les leur demande.

J'avais vu souvent, grimpant les escaliers de l'hôtel Drouot, un vieillard sec et droit et qui portait, comme signe particulier, une énorme loupe lenticulaire accrochée au bouton supérieur de sa longue redingote olive.

— Connaissez-vous cet amateur? dis-je à un habitué.

— Ce n'est pas un amateur, mè répondit l'habitué; c'est le père S***, le fameux *monogrammiste*.

— Mono...

— Grammiste.

— Voilà la première fois de ma vie que j'entends ce mot-là.

— C'est celui qui sert à désigner une profession assez répandue dans le monde des tableaux et des objets d'art.

— En quoi diable peut consister la profession de monogrammiste ?

— Suivez-moi bien. Vous savez que la plupart des amateurs, même ceux qui passent pour les plus sérieux, n'ont en art que des connaissances tout à fait superficielles.

— Oh! oui, je le sais.

— Aussi ont-ils généralement besoin d'être rassurés par une signature. Quand vous parlez d'un tableau devant un acheteur qui ne s'y connaît pas, son premier mot est : Est-il signé? Eh bien! sans le monogrammiste, on répondrait bien moins souvent par l'affirmative. Ce faussaire en peinture publique a fait une étude spéciale des signatures des peintres, des sculpteurs, des mosaïstes, etc., etc., d'abord pour les reconnaître, plus tard pour les imiter. Ce vieillard, que nous venons de voir, a gagné, pendant longtemps, ses dix francs par jour à signer des Hobbema, des

Prud'hon, des Lucas de Leyde et même des Albert Dürer.

— Vous m'effrayez.

— Non-seulement il connaît les différentes écritures dont les maîtres se servaient pour signer et dater leurs tableaux, mais il sait aussi vers quelle époque ou à quel moment de la vie du peintre cette écriture s'est plus ou moins modifiée. Hobbema, par exemple, signait ses grands tableaux de ses deux noms *Minderoutli Hobbema*, mais il ne les datait jamais. Les œuvres moindres étaient signées M. Hobbema ou Hobbema tout court. Les lettres dont il formait ce nom célèbre sont petites, inégales, grisâtres et manquent généralement de fermeté. Presque toujours la signature se trouve dans les terrains et au milieu, non dans un des coins du paysage.

« Des maladroits, qui veulent mettre en circulation de faux Hobbémas, écrivent souvent le nom du peintre en grosses lettres sur la droite du tableau. Ce n'est pas le père S*** qui commettrait cette balourdise. D'abord parce qu'il connaît ses monogrammes sur le bout du pinceau et aussi parce qu'il n'ignore pas que, pour être réputée vraie, une signature doit être aussi peu apparente que possible.

« Il faut non qu'elle saute aux yeux de l'enchérisseur, mais que celui-ci, au contraire, l'ait pour ainsi dire recomposée à travers les couches de vernis qui la couvrent et les siècles qui l'ont à demi effacée. Il est bien clair, se dit l'acheteur, que cette signature est authentique. Si elle ne l'était pas le faussaire l'aurait mise en évidence. Or, il a fallu mon œil de lynx pour la découvrir. Avouons que je suis un homme bien madré. L'acheteur se trompe; le seul qui ait été madré dans l'affaire, c'est le père S***.

« A côté des signatures mêmes dont l'étude est encore assez facile, il y a des habitudes, des manies de peintres, dont l'observation rend le monogramme bien plus vraisemblable.

« Rembrandt, par exemple, signait à droite et non à gauche; son nom est toujours écrit au bitume. Il se contentait quelquefois de tracer au milieu, à droite, un R, dont la queue traînait comme les robes de nos élégantes d'aujourd'hui. Quelquefois il écrit *Rembrandt* tout court; souvent il ajoute *van Ryn* et alors il date.

« C'est de toutes ces nuances qu'est faite la science du monogrammiste, si on peut appeler science ce qui n'est au fond qu'une variété de l'escroquerie. Mais, il faut bien le dire, les ridicules exigences et les *toquades* des amateurs ont, pour ainsi dire, légitimé ce métier peu honorable. Entre un tableau faux mais signé et un tableau vrai qui ne portera pas cette garantie douteuse peu de bourgeois hésiteront. Quelquefois il est arrivé que des marchands étaient obligés de mettre eux-mêmes, à des tableaux incontestables, la signature que le peintre avait négligé d'y apposer, sans quoi jamais l'œuvre, quelle qu'elle fût, n'eût trouvé son acheteur. »

Cette conversation, qui m'a éclairé sur la véritable signification du mot *monogrammiste*, m'a appris ce que je soupçonnais déjà, à savoir que les sultans du bibelot, connus sous le nom de commissaires-priseurs, étaient, sans le savoir ou sans le vouloir, complices de bien des actions nébuleuses non prévues par le code. J'ai eu depuis, entre les mains, des notes curieuses d'un monogrammiste de profession. J'en transcris quelques-unes qui donneront un aperçu de cet art original.

Prudhon, — avant son voyage en Italie, signait avec trois majuscules P. P. P. Après son voyage en Italie, il signait Prud'hon ou Pierre-Paul Prud'hon. Écriture indécise, pour la contrefaire laisser trembler les doigts.

Nota. N'a presque jamais signé ses dessins.

Lucas de Cranach. — Pas de signature. Trouvait moyen de dessiner un S dans l'architecture de ses tableaux. C'est le seul monogramme qu'on lui connaisse. L'S toujours en haut et presque toujours renversé.

Govaert Flinck. — Écrit G. F., en majuscules d'imprimerie, au bas de ses portraits, et à peu près au milieu de la toile.

LE CACHETEUR

Une industrie moins coupable, mais tout aussi ignorée de la masse du public, c'est celle du cacheteur. Où prenez-vous le cacheteur? qu'est-ce qu'un cacheteur?

Le cacheteur est celui qui se donne la satisfaction d'apposer derrière un tableau, sur le châssis ou sur le cadre, un cachet armorié de cire tantôt rouge, tantôt noire, tantôt verte, et ce, dans le but de laisser croire que le chef-d'œuvre mis en vente provient d'une maison princière ou tout au moins ducale.

Depuis la vente de la collection du cardinal Fesch, il n'y a guère de jour où l'on n'entende retentir sous les voûtes de l'hôtel cette phrase devenue sacramentelle :

« Les armes surmontées d'un chapeau de cardinal, qui se trouvent derrière le tableau, prouvent que ce tableau vient de la célèbre vente du cardinal Fesch. »

Si tous les tableaux qui, grâce au cacheteur, passent pour avoir appartenu au cardinal Fesch lui avaient appartenu en effet, la vente en aurait duré deux ans.

Presque toujours, le cacheteur fait, en outre, le métier de

CHERCHEUR D'ORIGINES

Il suit, à travers les hasards et les fortunes diverses des ventes, un tableau à la piste, avec l'œil obstiné de ce chasseur des *Mille et une Nuits*, qui fit cinq cents lieues à la poursuite d'un oiseau rare. Aussi sait-il dans quelles mains il a passé, combien il a séjourné de temps chez tel marchand, combien de temps chez tel amateur.

Quelquefois, il arrive au tableau ce qui arrive aux hommes et aussi aux femmes. Les uns partent

de très-bas pour monter très-haut, d'autres partent de très-haut et finissent par tomber très-bas.
Les tableaux, comme les chevaux, ont leur généa-
logie. Seulement on ne leur demande pas : Qui
t'a fait? mais qui t'a possédé?

Une croûte, dans les mains d'un amateur connu,
attrape facilement un renom de chef-d'œuvre.

Mieux vaut, au point de vue de la spéculation,
posséder un Galimard, qui viendrait du marquis
Maison ou du docteur Lacaze, qu'un Van Dyck,
qui sortirait d'une boutique de la rue Jacob.

Le chercheur d'origines ne s'abuse pas là-
dessus, aussi ne s'amuse-t-il pas à vanter les qualités intrinsèques des tableaux qu'il écoule. Quand
il vient d'acheter sur le quai, pour vingt-cinq francs,
un affreux panneau colorié, il trouve toujours
moyen de dire, en vous le montrant :

« C'est un échange que j'ai fait, ce matin, avec
le duc de Galliera. »

LE TRUCAGE

Si je raconte que de faux-monnayeurs artistiques ont des ateliers où ils fabriquent en 1862
des amphores du temps de Sardanapale, des
étrusques contemporains d'Annibal, fils d'Amil-
car, et des Palissy modelés à Vaugirard, vous
crierez à la fantaisie et à l'exagération.

L'étude que nous avons entreprise n'a de valeur qu'autant qu'elle est sincère. Aussi ne per-
drons-nous jamais l'occasion de prouver que nous
ne faisons pas du roman, mais de la photographie... sans retouches.

Un procès qui s'est déroulé en 1858 devant la
police correctionnelle de Paris a mis dans leur
jour, mieux que nous ne pourrions jamais le
faire, toutes les petites comédies dont se compose
la profession non patentée de *truqueur*.

Tout le monde sait que la valeur artistique d'un objet se complique d'une autre valeur, qui tient à l'époque où cet objet a été confectionné. Acheter du beau pour un amateur, c'est quelque chose; acheter du vieux, c'est tout.

M. de Rothschild, qui ne s'y connaît guère que par les yeux des autres, a de tout temps chargé des hommes spéciaux de lui former des galeries tant de tableaux que de curiosités. M. Boissel de Montville, entre autres, a présidé au choix de sa collection d'antiques.

Eh bien, quelle que soit la sagacité de M. de Montville en ces matières, l'honorable expert a très-bien été trompé, et, comme on dit en style de revendeur, *refait* d'une somme totale d'environ vingt-cinq mille francs par un de nos truqueurs les plus dangereux.

Moins heureux que ses confrères, le sieur Pierrat a vu ses rêves de fortune s'évanouir sur les bancs de la sixième chambre.

Nous citons textuellement quelques extraits de ce procès curieux :

M. le président. — Quel état pratiquez-vous ordinairement?

Le prévenu. — Celui de réparateur d'objets d'art.

M. le président. — La prévention vous reproche d'avoir vendu comme antiques des objets fabriqués par vous. Vous les couvriez d'une crasse pour faire croire qu'ils avaient traversé les siècles, et, à l'aide de cette fraude, vous les vendiez des prix excessifs.

Le prévenu. — Les objets vendus à M. de Montville ont une grande valeur.

Le président. — Là n'est pas la question. On fait venir M. de Montville à Arles, parce que, disait-on, il s'y trouvait deux frères héritiers d'un parent qui leur avait légué de précieuses antiquités, et ces antiquités, que vous avez fait vendre au mandataire de MM. de Rothschild, avaient été fabriquées chez vous.

Le prévenu. — Je suis allé réellement à Londres, mais...

Le président. — Vous vendez des objets comme

étant du quinzième siècle, et il a été établi que
ces objets étaient des copies d'antiquités découvertes à Herculanum au dix-huitième siècle seulement. Vous faites fabriquer des vases, des
coupes, des coffres, des aiguières, par un sieur
Mayer; à peine finis, vous les cassez, vous les
raccommodez, vous les couvrez de crasse, et voilà
des antiquités.

M. Boissel de Montville (témoin). — Chavet,
l'agent de Pierrat, m'offrit un jour une belle sa-
lière en émail grisaille et un portrait d'homme
également en émail. Ce portrait était authentique, l'autre objet était faux (car, pour mieux
tromper, on mêle ainsi d'ordinaire le faux au
bon). Il m'apporta ensuite une aiguière en
émail.

Le président. — Qu'il vous vendit comme antique?

Le témoin. — Oui, monsieur. Pour donner à
cette aiguière toute l'apparence de l'ancienneté,
on lui avait cassé un pied, qui avait été remplacé
par un mauvais pied en bois.

LE PRÉSIDENT. — Combien avez-vous payé cette aiguière.

LE TÉMOIN. — Autant que je puis me rappeler trois mille francs, et pour deux salières deux mille six cents francs.

LE PRÉSIDENT. — Arrivez à l'affaire d'Arles?

LE TÉMOIN. — Chavet me parla de deux frères habitant les environs d'Arles. Ces messieurs avaient, dit-il, hérité d'un certain nombre d'antiquités précieuses, mais à la condition faite par le testateur qu'ils ne les vendraient pas. Il me dit que néanmoins les héritiers s'en déferaient volontiers, mais à la condition de n'être pas connus de l'acquéreur. Qu'il serait nécessaire, si je voulais voir et acheter ces objets, que j'allasse à Arles.

Il partit le premier, et, arrivé à Arles, j'allai le trouver. Il refusa de me donner l'adresse de ces messieurs. La vérité est que Pierrat était caché dans un hôtel. Peu après Chavet revint avec un coffret en émail, deux salières, une coupe, le tout en émail, et enfin deux plats de Palissy. Le coffret était en émail moderne; mais, pour mieux tromper, on avait adapté une monture antique. C'est à cela que je me suis laissé prendre. Les salières avaient le dessous antique, mais le dessus était moderne.

Le président. — Et vous avez payé cela?

Le témoin. — Seize mille francs.

Le président. — Et quelle était la valeur réelle de ces objets?

Le témoin. — Mon Dieu! la plus belle pièce payée comme antiquité huit mille francs, je crois, valait, comme moderne, environ quinze cents francs.

Le président. — Cela fait une différence auss énorme?

Le témoin. — Oh! parfaitement.

Le président. — A valeur artistique égale?

Le témoin. — A valeur inférieure même. Aujourd'hui on fait très-bien certaines choses beaucoup mieux qu'autrefois. C'est là l'*excuse ordinaire* des contrefacteurs. Mais enfin, quand on veut de l'antique on ne veut pas du moderne. Il y a des amateurs qui achètent les objets antiques *pour leurs défauts*.

LE PRÉSIDENT. — Croyez-vous. que la simple poussière qui tombe sur les objets d'art exposés dans un atelier puisse former une crasse comme celle dont étaient couverts ceux que vous avez achetés? C'est le système de Pierrat.

LE TÉMOIN. — Oh! monsieur le président, il suffit pour enlever cette poussière d'un peu d'eau de savon ou d'une goutte d'esprit-de-vin, moi je me suis servi pour enlever cette crasse d'éther et d'alcool; rien n'y a fait. Depuis, j'ai su quel procédé on employait. On enduit les émaux de je ne sais quelle matière qui fait crasse, et on les fait recuire avec cela; vous comprenez alors pourquoi cela tient si fort. Rien ne pourrait l'enlever.

Le prévenu fut condamné à quinze mois de prison et mille francs d'amende. Mais tout en montrant jusqu'où peut aller le danger de tomber entre les mains d'un truqueur, ce procès établit aussi combien les amateurs, par l'incroyable naïveté de leurs passions, prêtent le flanc à toutes les ruses et à toutes les cupidités.

— Comment ! se dira un émailleur habile, j'offre un objet remarquablement travaillé ; parce qu'il est propre et moderne, on ne m'en donne que mille francs ! Ma foi, tant pis, je vais mettre un peu de crasse dessus et je le vendrai quatre mille.

Ce raisonnement est criminel ; mais si le marchand se le fait, c'est un peu la faute de l'acheteur.

L'ORPHELINE DE L'HOTEL DES VENTES

Nous avons eu longtemps la veuve de la grande armée ; l'*orpheline de l'Hôtel des ventes* commence à se dresser à l'horizon.

Une jeune fille modestement vêtue et accompagnée d'une dame respectable vous a vu pousser jusqu'à une somme de quelque importance un tableau mis sur table.

— Monsieur, vous dit-elle en hésitant beaucoup, pardonnez-moi cette question. Vous êtes amateur de tableaux ?

— Oui, mademoiselle.

— Alors vous vous y connaissez.

— J'ose le croire, mademoiselle.

— Oh ! alors, monsieur, vous pouvez nous rendre un grand service.

— Parlez, je suis tout à vous.

— Mon père vient de mourir, monsieur, et il ne m'a laissé pour toute fortune qu'un magnifique tableau de Léonard de Vinci. Ma tante et moi nous sommes venues ici pour trouver quelqu'un qui puisse nous estimer ce chef-d'œuvre. Est-ce que vous auriez l'excessive obligeance de venir nous renseigner à ce sujet ?

— Quand vous voudrez, mademoiselle.

Vous vous rendez à l'heure indiquée chez la jeune fille. On vous montre le tableau avec toutes les cérémonies désirables, et... vous constatez que le Léonard de Vinci est une croûte ignoble qui vaut dix francs au prix fort.

Vous croyez de votre devoir d'honnête homme de désabuser la nièce et la tante... Explosion de larmes !

— Grand dieu ! qu'allons-nous devenir ! s'écrie la jeune fille, nous n'avons absolument que cela pour vivre ; nous sommes perdues... Ah ! ciel ! ah ! Seigneur ! à qui avoir recours, etc., etc., nous qui comptions là-dessus pour payer notre terme !

Vous comprenez si vous voulez ; et voilà ce que c'est que l'*orpheline de l'Hôtel des ventes*.

X

LA RÉVISION A BÉNÉFICE

Nous avons, dans le cours de cette étude, traité
la question du *revidage* ou *révision* au point de
vue seulement du revidage à perte, c'est-à-dire
que, quand un amateur se permet d'entrer sciemment ou innocemment en lutte ouverte avec des
marchands, ceux-ci, pour le dégoûter de son rôle
d'enchérisseur, poussent l'objet qu'il convoite

jusqu'à ce qu'il ait atteint trois ou quatre fois sa valeur. Alors ils s'arrêtent subitement, et le malheureux bourgeois se trouve avoir payé à l'hôtel un prix fou ce qu'il aurait eu dans toutes les boutiques pour un prix très-raisonnable.

Mais il arrive aussi que le bourgeois se lasse le premier, et alors un marchand se trouve obligé de prendre livraison pour une somme excessive d'un objet qu'il n'a jamais eu l'intention d'acheter.

La révision à perte sert ou plutôt servait à parer à ces petits accidents de la spéculation publique. Les marchands se réunissaient dans un local quelconque et remettaient entre eux l'objet en adjudication.

S'il était alors coté cinquante francs et qu'il eût été adjugé à cent, on se cotisait pour rembourser au marchand qui s'était dévoué la différence qu'il avait payée en trop. Aujourd'hui, ce genre de revidage, pour l'honneur du corps, est à peu près complétement abandonné. Et la seule révision qui se pratique encore, c'est la *révision à bénéfice*. Celle-là, en revanche, s'exécute sur une large échelle, laquelle échelle même s'élargit tous les jours.

Cette révision, comme l'autre, consiste à remettre sur table le lot adjugé publiquement par le commissaire-priseur. Des marchands, ennemis par tempérament les uns des autres, mais réunis par les intérêts communs, se groupent en colonne serrée autour du bureau de l'officier public. Ils se font passer l'objet de main en main sans permettre à l'acheteur naïf de l'examiner; ils éblouissent ce même acheteur par leurs cris, par la vivacité et l'audace de leurs enchères; ils forment entre lui et la table où le crieur promène les lots une triple muraille de paletots huileux et de chapeaux gras, de sorte que le plus hardi chaland finit presque toujours par se laisser intimider et par abandonner la partie.

La concurrence n'existant plus, les marchands n'ont aucune raison pour mettre sur l'objet en vente des enchères qui augmentent d'autant les frais d'achat. Ils se taisent, et l'objet est adjugé

au dernier d'entre eux qui a pris la parole au nom
de tous.

Mais, comme chacun des marchands présents
a contribué, dans la mesure de ses forces, à empêcher l'invasion du bourgeois, il est juste que,
la bataille gagnée, toute la troupe se partage les
dépouilles opimes. L'objet adjugé est donc le
soir même ou. le lendemain soigneusement ap-
porté dans une des salles louées à Montmartre
et à Batignolles par les marchands, et où se
tiennent quotidiennement les séances de révision.

Grâce à la bonne entente de tous les marchands présents à la vente publique, la pendule,
le lustre, le bahut qui vaut huit cents francs a été
acheté cent cinquante. Il s'agit maintenant de
rendre à cet objet, rare ou curieux, son véritable
prix marchand en l'adjugeant à nouveau.

Les marchands venus pour réviser se divisent
en deux bandes, qui se tiennent chacune dans
une chambre et se communiquent, par l'entremise d'une espèce de chargé d'affaires; les diffé-

rentes surenchéres que l'une ou l'autre bande juge à propos de mettre.

— Notre chambre fait tant, dit un des chefs de groupe ; que répond la vôtre ?

— Tant !

La lutte continue ainsi jusqu'à ce qu'une des deux chambres s'avoue vaincue ; alors, dans la chambre où est resté l'objet, c'est à celui qui a mis la dernière enchère qu'il appartient définitivement.

Cette révision constitue une entrave aux enchères, délit prévu et puni par la loi. Plusieurs procès ont eu lieu, et nombre de condamnations ont déjà été prononcées contre les revideurs. Nous extrayons des débats d'une de ces affaires cette intéressante déposition d'un témoin :

« Tous les marchands étaient là (au cabaret). L'un d'eux prit un jeu de cartes, distribua une carte à chaque marchand, puis tous ceux qui avaient une carte rouge se rangèrent d'un côté, ceux qui avaient une carte noire formèrent un autre camp. L'armée ainsi rangée élut un commissaire-priseur et un crieur, et l'on remit aux enchères tout ce qui avait été acheté précédemment.

L'un des deux camps était au premier étage, dans la salle de billard, l'autre dans la salle d'en bas, puis l'huissier-priseur criait :

« Un lot à six cents francs ! Eh ! là haut, qu'est-ce que vous dites ? »

Et une voix d'en haut répondait :

« Deux cents francs de plus et trois sous. »

Le témoin déposant en ces termes pense que les trois sous indiquaient qu'il y avait trois acquéreurs.

La condamnation prononcée contre les prévenus porte, pour entraves aux enchères, un mois de prison et cent francs d'amende, et pour revidage ou révision, cent francs d'amende.

Une fois les chambres partagées, comme l'explique le témoin que nous venons de citer, voici ce qui s'y passe. Il se forme un cercle présidé par une des parties prenantes. L'opération commence de droite à gauche. Chacun parle à son tour comme à la bouillotte. Le premier, s'il tient, jette au milieu du cercle dans une assiette ou un chapeau le montant de son enchère. Le second parle ou passe, le troisième après lui, et ainsi de suite jusqu'au dernier placé à la gauche du président.

Ce premier tour terminé, le produit est partagé entre tous les assistants.

Un second tour commence entre ceux-là seulement qui ont parlé la première fois et qui partagent seuls, puis un troisième, puis un quatrième tour, jusqu'à ce que l'objet reste au dernier mot.

Pendant que l'une des deux chambres procède ainsi à la révision des objets adjugés publiquement aux compères de l'autre chambre, ceux-ci pratiquent le même jeu pour les objets adjugés par le commissaire-priseur aux gens de la première chambre. Enfin il se fait un chassé-croisé des dernières enchères de chaque objet, jusqu'à ce que le combat cesse faute de combattants, comme on l'a dit tant de fois après Corneille.

De prime abord cette opération assez compliquée paraît devoir durer éternellement. Il n'en est rien. La révision est tellement familière aux marchands qu'ils s'en tirent avec la dextérité et la promptitude de soldats exécutant un simple demi-tour.

La révision amène souvent des augmentations considérables dans le prix d'un objet. Il n'y a pas deux mois, on a vendu à Paris, dans une vente à domicile, une pendule qui a été payée quinze cents francs. Le soir même elle était révisée à cinq mille cinq cents, et le lendemain le marchand à qui elle était définitivement échue la revendait neuf mille cinq cents francs à M. X..... Je pourrais nommer l'amateur, mais je m'arrête devant le crève-cœur qu'il ressentirait en apprenant que ce qu'il a payé neuf mille cinq cents francs avait été adjugé pour quinze cents la veille.

Au reste, cette question de la révision, que nous avons traitée pour compléter autant que possible notre travail sur les ventes publiques, ne touche que très-indirectement aux opérations de l'hôtel Drouot. L'affluence du public est devenue tellement énorme et indisciplinable dans les différentes salles qui composent ce grand bazar du mercantilisme parisien, que depuis longtemps déjà l'opération du revidage ne se pratique plus sur les objets achetés à l'hôtel des commissaires-priseurs.

C'est dans les châteaux de la banlieue ou de la province et dans les ventes faites dans les maisons bourgeoises que les marchands essayent les effets de leur coalition. Là ils peuvent tenir tête au public, qu'ils empêchent d'entrer ou qu'ils forcent à se taire. Tout les favorise, l'ignorance où est ordinairement l'amateur de l'endroit où se fait la vente, l'exiguïté du local, qu'ils remplissent facilement à eux seuls, et cette force si difficile à entamer de gens qui se tiennent, disons le mot, comme larrons en foire.

Le revidage et ses inconvénients seraient même une sorte d'argument en faveur de l'institution de l'hôtel des commissaires-priseurs si, par malheur, en amoindrissant cet abus, elle n'en avait créé ou décuplé une foule d'autres.

XI

CE QU'ON APPELLE FAIRE SA VENTE

AVANT

Je prends au hasard un jeune homme riche ou simplement à son aise, obligé de partir et décidé a convertir en argent ses meubles, ses livres et ses bibelots.

Il prie un commissaire-priseur de passer chez lui. Le fonctionnaire n'a garde de manquer à l'invitation, et après un examen succinct des objets à

liquider, voici à quelques nuances près la conversation qui s'établit entre le jeune homme et le
commissaire-priseur.

— Monsieur, dit le jeune homme, me conseil-
lez-vous d'envoyer tout cela à l'hôtel?

— Très-certainement, c'est ce que vous avez de
mieux à faire.

— Seulement, je dois vous prévenir que j'ai
quelques prétentions. Croyez-vous que je tirerai
bien trois mille francs de tout ce qu'il y a ici?

— Je n'en doute pas. Vous devez réaliser au
moins le double si les circonstances nous favorisent.

— Pensez-vous que je ferai bien d'ajouter ma
bibliothèque?

— Je le pense. Les livres se vendent très-bien
maintenant. J'en vois là quelques-uns qui ont de
grandes chances. Il en est des livres comme des
tableaux : on peut rêver dessus.

— Je vous avoue, que j'aurai quelque peine à
me séparer de cette édition grecque de *Daphnis et
Chloé.*

— Vendez toujours : si ça ne monte pas aussi haut que vous voulez, vous êtes libre de racheter; les frais sont si peu importants.

— En ce cas, si je me décide à tout vendre, il me semble qu'il serait nécessaire de faire une exposition préalable.

— Et un catalogue. J'allais vous le proposer. Avez-vous un expert que vous affectionniez particulièrement?

— Oh! mon Dieu, non.

— Très-bien! je vous donnerai mon expert ordinaire.

— Je vous confie mes intérêts, monsieur; car je vous avoue que, si je n'avais pas besoin d'argent, je n'aurais jamais pris le parti violent de faire ma vente.

— Soyez tranquille, monsieur, vous serez content de moi.

— Encore un mot. A combien croyez-vous que puisse monter mon édition grecque de *Daphnis et Chloé?*

— Dame ! c'est selon. Qu'est-ce que vous en voudriez ?

— Si ce n'était pas trop de cent cinquante francs ?...

— Ce prix n'a rien d'exorbitant ; je me charge de vous les faire avoir.

— Tiens, au fait, se dit le jeune homme après le départ du commissaire-priseur, j'ai peut-être fait une excellente affaire. On a vu aller très-haut dans une vente publique des choses qui avaient été d'abord achetées pour rien. Je me souviens que Dubochet a vendu un jour à l'hôtel Drouot pour cinq cent quarante-trois francs une petite vierge en ivoire sculpté qu'il avait eue en voyage moyennant cent sous. Qui sait ? il est impossible que dans tous mes livres il ne s'en trouve pas au moins un qui ait du prix. D'ailleurs je me rattraperai toujours sur les meubles. Mon bahut Henri II est un objet rare. Je n'en connais pas de plus beau au musée de Cluny. Il suffit qu'un amateur s'en amourache pour qu'il monte à deux mille francs et plus.

« Comme le commissaire-priseur a paru étonné en entrant ici! Je suis sûr qu'il a vu tout de suite qu'il ne s'agissait pas d'une vente ordinaire. Il m'a parlé de six mille francs; il est bien clair que c'était pour ne pas se compromettre. Six mille francs, c'est-à-dire douze mille au minimum. Voyons, si j'établissais un peu mon compte moi-même. En dressant l'inventaire sur des prix très-bas, on est à peu près sûr de ne se tromper qu'en moins, et au jour de la vente on a de délicieuses surprises.

« Voyons, ces flambeaux Louis XIII, il est impossible qu'ils n'aillent pas à plus de quatre-vingts francs la paire. Mettons soixante-quinze francs pour rester dans ma ligne. Dieu! qu'ils sont bien ciselés! Je dis Louis XIII, ils sont peut-être bien François Ier, et on me dirait que Benve-nuto... Enfin nous verrons ça. Soixante-quinze francs.

« Ces deux potiches en chine, cent cinquante francs la paire. Que je suis bête! mais c'est le prix de deux potiches modernes. Celles-ci sont en vieux

chine. C'est tout de suite le double. Ci : trois
cents francs.

« Ma table en chêne à pied tourné... je ne sais
plus qui m'a dit en avoir vu vendre une pareille à
Bruxelles deux cent trente ou deux cent cinquante
francs ; mettons deux cents.

« Mon bahut Henri II vaut hardiment deux mille
francs, comme je le disais tout à l'heure, mais je
le cote pour la moitié. Les amateurs intelligents
feront le reste.

« J'ai à présent la belle glace de Venise de ma
chambre à coucher. Elle vaut cinq cents francs
comme un liard. Les glaces de Venise, on n'en
fait plus. Le secret est perdu. On donnerait cinquante mille francs qu'il serait impossible d'en
faire fabriquer une semblable... Pauvre Venise !
Quand on songe qu'autrefois... Il est vrai que
c'est bien heureux pour ceux qui, comme moi,
ont le bonheur de posséder un échantillon de cet
art du verrier aujourd'hui disparu. En cotant ma
glace à mille francs, je suis évidemment très-au-
dessous de la vérité. Je suis sûr que si le commis-

saire-priseur était encore ici il me rirait au nez.
Il a l'air d'un bien brave homme.

« Nous disons maintenant deux paires de chenets
pure Renaissance. C'est effrayant comme les chenets Renaissance sont à la mode! Il y a dix ans
que j'ai les miens; ils m'ont coûté quarante francs
la paire, autant que je me rappelle. Quarante
francs il y a dix ans, c'est-à-dire environ quatre-
vingt-dix francs aujourd'hui. Les chenets ont fait
tant de progrès! Deux paires, ci : cent quatre-
vingts francs. Ah! mais j'oublie mon service en
faïence de Rouen... en vieille faïence, s'il vous
plaît. Quelle bonne idée j'ai eue de le prendre en
faïence de Rouen! on n'en veut plus d'autre. Le
règne de la faïence de Rouen est enfin arrivé. Je
vais avoir du tout une somme que je ne crains
pas d'évaluer à huit cents francs.

« Où en suis-je donc? Cinq; huit et sept quinze;
je pose cinq et je retiens un; trois et un quatre,
et trois sept et huit quinze; deux et un trois : trois
mille cinq cent cinquante-cinq francs, et je ne
suis seulement pas au tiers de mon inventaire.

Ah! mais c'est superbe, mais je vais gagner beaucoup d'argent. Ma foi, c'est assez malin ce que je fais là. Dieu! si je pouvais arriver à vingt mille francs! Pourquoi pas, au fait. Avec les affiches, le catalogue, les notes dans les journaux, c'est une publicité qui influe considérablement sur le produit de la vente.

« Décidément, l'hôtel Drouot, il n'y a que cela au monde. »

Le jeune homme continue son monologue et son estimation. Ce n'est plus, à la fin de la journée, vingt mille, mais trente mille francs que son mobilier, tant ancien que moderne, doit lui rapporter. Pendant les huit jours qui le séparent du moment solennel, il passe son temps à rêver debout. Il entrevoit dans le brouillard des amateurs poussant avec une fureur croissante des objets qu'ils finissent par se disputer à main armée.

Le commissaire-priseur anime les combattants; les enchères se croisent comme les boulets du *Merrimac* et du *Monitor*, et quand le marteau tombe pour la cent cinquantième et dernière fois,

le bureau de payement disparaît sous les pièces
d'or.

« Si j'achetais une maison à Asnières? se dit le
bon jeune homme le matin même du jour où les
songes diamantés doivent enfin se réaliser. A Asnières, c'est bien cher; il est vrai qu'avec quarante
mille francs on a encore quelque chose de pas-
sable; Il faudrait que la vente montât jusqu'à cinquante mille francs. Avec cinquante mille francs
on a sa petite propriété en pierre de taille; malheureusement cinquante mille francs il ne faut
pas y compter.

« Il est vrai qu'hier encore le commissaire-priseur m'a dit d'un air victorieux : Soyez tranquille,
tout ira bien.

« Au reste, il n'y a pas à s'y tromper; la foule
qui se pressait hier à l'exposition de ma vente me
dit assez l'importance qu'on y attache au dehors.
J'ai bien reconnu l'acheteur ordinaire du baron
de Rothschild; comme il reluquait mon bahut
Henri III Tu l'auras si tu veux, mon bonhomme,
mais il faudra que tu le payes, je t'en avertis. »

Après avoir épuisé le sac aux réflexions et avoir puisé ainsi à pleines mains dans le fond et le tréfond de la boîte de Pandore, le jeune homme s'habille d'une main fébrile et se rend à l'hôtel Drouot où l'attend la fortune, non un bandeau sur les yeux, mais un marteau à la main.

XII

CE QU'ON APPELLE FAIRE SA VENTE

PENDANT

Nous avons raconté dernièrement les émotions qui chez un homme en train de faire sa vente précèdent d'ordinaire le grand moment, c'est à-dire celui où le marteau du commissaire-priseur en frappant sur la table met en pièces tant de rêves et casse la tête à tant de douces illusions.

— Ce qui m'inquiète un peu, lui a dit l'expert dès la veille, c'est que demain il se fait en même temps que nous, à la salle, une vente de curiosités. C'est une concurrence sur laquelle je ne comptais pas.

— Bah! répond le jeune homme, nous n'en aurons que plus de monde. Vous comprenez bien que quand on aura vu mes chenets, tous les amateurs quitteront la salle pour venir dans la nôtre.

Enfin deux heures sonnent. Le jeune homme s'informe si on n'a pas vu Rothschild : Rothschild est le messie des ventes publiques. Tant qu'il n'est pas venu faire un tour dans les salles, on ne peut compter sur rien.

Les gens à qui s'adresse le jeune homme sourient négativement. Le commissaire-priseur arrive sur ces entrefaites. Il escalade les marches de son trône, lisez les gradins de son bureau, le public se case et la vente commence.

Le crieur. — Tenez, messieurs, nous allons d'abord vous vendre un lot de vieux cadres en bois doré. Y a-t-il marchand à trois francs?

Le jeune homme, qui s'est dissimulé derrière le bureau du

commissaire-priseur. Mais, dites donc, ces cadres-là ne m'appartiennent pas; qui donc les a fourrés dans ma vente?

LE COMMISSAIRE-PRISEUR. — On les a mis pour commencer.

UN SPECTATEUR. — Il y a marchand à un franc.

LE COMMISSAIRE-PRISEUR. — Personne ne dit mot! Un franc!... plus rien... vu! bien vu! adjugé un franc.

LE CRIEUR. — Maintenant, messieurs, nous vendons deux bougeoirs en bronze.

L'EXPERT. — Je les crois anciens... Quinze francs!

LE JEUNE HOMME, à part. — Comment, quinze francs!... mais ce n'est pas la peine d'être anciens. Quinze francs! le plus petit seul m'en a coûté vingt. Heureusement, ils ne s'arrêteront pas là.

UNE VOIX. — Il y a marchand à trente sous.

UNE AUTRE VOIX. — Deux francs.

LE JEUNE HOMME, indigné. — Quatre francs!

(Un grand silence accueille cette audacieuse enchère.)

LE COMMISSAIRE-PRISEUR. — Voyez, messieurs, quatre francs! Si personne ne dit mot, je vais adjuger.

UNE VOIX. — Quatre cinquante.

Le jeune homme ouvre la bouche pour enchérir, mais il s'arrête tout à coup devant la froideur du public.

LE COMMISSAIRE-PRISEUR. — Adjugé, quatre cinquante!

LE JEUNE HOMME, à part. — La vente n'est pas encore lancée.

On met successivement sur table des pelles, des pincettes, des soufflets, des rideaux, des garde-feu et plusieurs autres objets mobiliers dont le plus disputé atteint le prix de sept francs dix sous. Le jeune homme a perdu son sourire. Enfin on attaque les pièces rares.

L'EXPERT. — Messieurs, nous allons vous vendre maintenant deux magnifiques flambeaux Louis XIV. Je vous prie d'en examiner avec soin la ciselure. C'est beau comme Benvenuto. Il y a sans doute marchand à cent francs!

Personne ne répond.

Le crieur. Cent francs! cent francs les deux flambeaux Louis XIV ciselés par Benvenuto. (Rire général.)

Le jeune homme. — Imbécile! Qui est-ce qui lui demande quelque chose? Il rend mes flambeaux ridicules tout simplement.

Un marchand. — Dix francs pour les deux Benvenuto. (Le rire redouble.)

Un autre. — Voyons, dix francs cinquante, en l'honneur de Louis XIV.

Un autre. — Ah! elle est bien bonne!

La paire de flambeaux est adjugée au milieu d'une gaieté folle pour le prix de douze francs.

Le jeune homme, désorienté. Douze francs! Comment, douze francs! Et moi qui avais coté mes flambeaux quatre-vingts francs au minimum, et j'espérais bien en avoir plus de cent. Est-ce que ça va continuer sur ce pied-là?

L'expert. — Messieurs, pour jeter quelque variété dans la vente, nous allons passer aux livres. Voici d'abord quinze volumes d'histoire naturelle, avec planches gravées. Y a-t-il marchand à trente francs?

Plusieurs voix. — Ne faites qu'un lot de tous les livres. Ça ne vaut pas la peine de détailler.

Le jeune homme, s'avançant. — Mais du tout, je demande qu'on vende chaque ouvrage à part.

Les mêmes voix. — Allons donc! c'est une plaisanterie... Pourquoi pas feuille par feuille...

L'expert. — Eh bien! messieurs, nous allons vendre tous les livres à la fois.

Le jeune homme, bas. — Excepté mon *Daphnis et Chloé.*

L'expert. — Excepté cette édition de *Daphnis et Chloé* que nous mettrons sur table isolément. Combien les soixante-dix volumes... Trois cents francs?

Un assistant. — Trente-cinq francs.

Le jeune homme. — Oh!

Le crieur. — Trente-cinq francs, suivez..... Trente-cinq francs!

Une voix. — Trente-six!

Plusieurs enchérisseurs. — Trente-sept... Trente-huit... trente-neuf!

Le commissaire-priseur. — Le mot?

Une voix. — Quarante francs.

Le commissaire-priseur, bredouillant. — Quarante francs! si! non! plus rien... Est-ce dit?... Plus! voyez. Adjugé quarante francs.

L'expert. — Nous mettons maintenant cette édition grecque de *Daphnis et Chloé;* elle est fort rare. Je demande soixante francs.

La galerie garde le silence.

L'expert. — Cinquante francs!..... quarante francs!... trente francs! Voyons, dix francs, il y a bien marchand... Non... Retiré faute d'enchères. Nous allons passer aux meubles.

Le jeune homme tire son mouchoir et essuie son front où perle la sueur du désappointement.

L'expert. — Voici d'abord une paire de chenets dont la forme est très-originale, comme vous voyez. Nous les croyons français et Renaissance.

Un connaisseur. — Eh bien, moi, je vous les garantis flamands et de fabrication moderne. Vous en trouverez comme ça tant que vous voudrez à Amsterdam pour quinze francs les deux.

L'EXPERT. — Alors faites votre prix vous-même.

LE CONNAISSEUR. — Marchand à sept francs, à condition qu'on pourra prendre la seconde paire pour le prix d'adjudication de la première.

L'EXPERT. — Soit.

LE JEUNE HOMME. — Dix francs!

LE COMMISSAIRE-PRISEUR. — Dix francs! voyez dix... Personne ne dit mot... c'est bien vu! Oui. Adjugé dix francs. A qui les chenets?

LE JEUNE HOMME. — A moi!

LE COMMISSAIRE-PRISEUR. — Prenez-vous l'autre paire?

LE JEUNE HOMME. — Oui. (Il soupire.)

L'EXPERT. — Messieurs, nous allons vendre un magnifique meuble Henri II. Ceux qui ne l'ont pas suffisamment examiné peuvent s'approcher pour le voir de plus près.

Quelques personnes escaladent la table et s'approchent du bahut. Le jeune homme feint d'apercevoir ce meuble pour la première fois et se récrie sur l'élégance des sculptures et la pureté du style.

LE JEUNE HOMME, s'adressant directement à un amateur — C'est du véritable Henri II.

L'AMATEUR. — Ça? allons donc! Ce n'est pas à moi qu'on raconte ces histoires-là. C'est allemand et le buffet a été rajouté. Voyez-vous, je vous conseille d'aller raconter vos histoires à Pierrot des Funambules.

Le jeune homme baisse les yeux et n'ose plus ouvrir la bouche.

L'AMATEUR A UN AUTRE. — Avez-vous vu ce monsieur qui voulait me fourrer dedans? Comme si je n'avais pas vu que c'est lui qui fait vendre.

Grâce à cet incident, le malheureux meuble est adjugé quatre-vingts francs et quelques centimes.

LE JEUNE HOMME, à part. — Mais c'est un désastre! quatre-vingts francs. J'avais rêvé de mon bahut mille francs au plus bas prix. Que me disait donc Dubochet qu'il avait vendu ici pour cinq cent quarante-trois francs une petite vierge en ivoire sculpté qui lui avait coûté cent sous. Ce Dubochet a toujours eu une chance !

L'expert. — Une glace de Venise.

Un marchand. — Oui, de Venise, comme moi et je suis né aux Batignolles.

L'expert. — Cent cinquante francs.

Le jeune homme, bas. — Comment ! je vous avais dit de la mettre sur table à mille francs au moins.

L'expert. — Que voulez-vous, le public ne mord pas. Nous nous ferions moquer de nous.

Le jeune homme. — C'est trop fort. J'aime mieux m'en aller.

Il quitte précipitamment la salle. La vente continue.

XIII

APRÈS

Le jeune homme est chez lui plongé dans des réflexions douloureuses entremêlées de calculs désastreux. La maison qu'il se proposait d'acheter à Asnières s'est évanouie dans les brouillards de la Seine. Le total de la vente s'élève à quatre cent vingt-sept francs. Désormais toute illusion serait dérisoire; en déduisant les frais, il calcule qu'il aura juste de quoi faire une petite tournée en province.

Il rit amèrement en pensant qu'il s'était vu en rêve à la tête d'une somme de cinquante mille francs, et il sort pour aller toucher ses quatre cent vingt-sept livres, afin de couler à fond cette déplorable affaire.

Il entre d'un air lugubre chez le commissaire-priseur, qui le reçoit d'un air consterné. L'officier ministériel prend le dossier, fait signe à la victime de s'asseoir auprès de lui, et la liquidation commence.

— Monsieur, dit le commissaire-priseur en feuilletant les bordereaux, le total de la vente est de cinq cent trente francs ; mais, comme vous avez retiré pour cent trois francs d'objets, restent quatre cent vingt-sept francs nets, sur lesquels nous n'avons plus que les frais à déduire.

— Déduisons, monsieur, déduisons.

— Vous avez d'abord dix du cent sur le tout.

— Pourquoi dix du cent ?

— Comme vendeur, c'est-à-dire sur cinq cent trente francs, cinquante-trois francs.

— C'est dur... enfin! mettons cinquante-trois francs.

— De plus, vous avez cinq francs quinze centimes comme acheteur sur cent trois francs d'objets retirés.

-- Ah diable! Ça me fait d'abord dix du cent pour les avoir mis en vente, et cinq du cent pour les avoir retirés, ou plus simplement quinze du cent.

— Comme vous dites, monsieur. Transport des objets de votre domicile à l'hôtel, vingt francs.

— On disait bien que deux déménagements équivalent à un incendie.

— Maintenant, vous avez...

— Comment! ce n'est pas fini?

— Non, sans doute. Vous avez la location de la salle, qui est de cent francs par jour.

— Cent francs par jour!

— Oui, monsieur, c'est le minimum de location.

14.

— Cent francs par jour! c'est une infamie! Je ne payerai pas. C'est à tomber à la renverse.

— Monsieur, tout le monde vous dira que c'est le prix ordinaire.

— Alors, qu'est-ce donc que le prix extraordinaire?

— Deux jours à cent francs par jour, ci deux cents francs.

— Deux cents francs! on n'a pas idée d'une chose pareille. Ça fait trente-six mille francs de loyer pour une chambre. Il y en a une vingtaine dans l'hôtel, c'est-à-dire sept cent vingt mille francs de location par an. Je ne m'étonne plus si les commissaires-priseurs se sont donné le luxe d'avoir un hôtel à eux.

— Monsieur, il y aurait bien des choses à dire là-dessus. Permettez-moi de remettre la discussion à un autre jour et de continuer votre compte. Après la location des salles arrive la confection du catalogue.

— Comment! ça se paye aussi?

— Pourquoi ça ne se payerait-il pas? je vous

le demande. Est-ce que vous croyez que les imprimeurs travaillent pour rien? Il faut que tout le monde vive; confection, impression et distribution du catalogue...

— Mais personne n'est venu, à qui donc a-t-il été distribué?

— A des gens qui étaient à la campagne. Je reprends : Confection, impression et distribution du catalogue, cent vingt-cinq francs.

— Cent vingt-cinq francs!

— Prix réduit, oui, monsieur. Il a été tiré à cinq cents exemplaires.

— Mais que voulez-vous que j'en fasse de vos cinq cents exemplaires? Ah! bien, me voilà frais par exemple. J'aurais mille fois mieux fait de faire venir un Auvergnat chez moi; il né m'aurait pas compté de catalogue au moins. C'est scandaleux.

— Que voulez-vous, monsieur, une vente est une bataille. Vous avez perdu la bataille, il n'en faut pas moins payer les frais de la guerre. Vos

objets se sont mal vendus, c'est vrai ; mais ils auraient pu se bien vendre. Alors, au lieu de nous
maudire, vous nous auriez bénis, car c'eût été à
notre intelligence que vous auriez dû...

— Mais je ne vous dois rien, puisque la vente a
été déplorable, et je ne vois pas pourquoi je vous
payerais...

— Est-ce de notre faute? Les amateurs ne sont
pas venus; s'ils étaient venus, l'affaire aurait
tourné tout autrement et vous auriez gagné beaucoup d'argent de même que nous. Est-ce que
vous croyez que c'est amusant de se déranger
pour une vente qui produit quatre cent vingt-sept
francs? Avouez que de votre côté si vous vous
étiez un peu plus remué...

— Vous allez vous en prendre à moi, maintenant; il me semble que je suis puni plus que
vous.

— Reprenons notre compte, si vous le voulez
bien; nous disons : deux cents francs pour la
salle, vingt francs de port, cinquante-six francs
quinze centimes de droit proportionnel, cent

vingt-cinq francs de catalogue, cela fait déjà quatre cent un francs quinze centimes.

— Comment, déjà ! quatre cent un francs et ce n'est pas fini !

— Si fait, c'est bientôt fini. Nous n'avons plus, je crois, que l'indemnité au crieur, qui est facultative, et les frais de composition et d'apposition d'affiches, qui sont obligatoires.

— L'indemnité au crieur est facultative ? Très-bien, je la refuse. Quant aux affiches, je m'en serais parfaitement passé ; je ne les demandais pas ; je refuse d'acquitter le mémoire. Vous passerez ça aux profits et pertes.

— Oh ! c'est si peu de chose.

— Combien donc ?

— Cinquante-neuf francs.

— Cinquante-neuf francs ! Mais, avec les quatre cent-un francs quinze centimes qui précèdent, j'arrive au chiffre de quatre cent soixante francs quinze centimes.

— Sans doute.

— Eh bien! le total de la vente ne monte qu'à quatre cent vingt-sept francs.

— C'est exact.

— Mais, à ce compte-là, ce serait donc trente-trois francs et des centimes que je vous redevrais?

— C'est bien ainsi que je l'entends.

— Ah! par exemple, voilà qui est trop fort. Vous me conseillez de faire ma vente, et quand, après toutes les hésitations possibles, je me suis décidé à me défaire de ce que j'avais de plus précieux chez moi, non-seulement je n'en tire pas un sou, mais je suis encore obligé de vous donner trente-trois francs. Ça n'a pas de nom.

— Monsieur, veuillez ne pas oublier que je suis officier ministériel. Si vous n'aviez pas témoigné l'envie de mettre ces objets en vente, je ne me serais pas offert pour vous assister dans cette conjoncture délicate. Remarquez que c'est vous qui avez fait les premières démarches.

— Mais il fallait me dire que mes chenets ne se vendraient pas, que mon *Daphnis et Chloé*, auquel je tenais tant, serait donné pour rien à quelque vandale, qui va abîmer la reliure et salir les feuillets. Tout cela me venait de ma mère, monsieur; je ne m'en suis séparé qu'avec une douleur réelle et dans l'espoir que j'en tirerais un bénéfice sérieux; mais du moment qu'après y avoir perdu énormément de temps j'y perds encore de l'argent, je me révolte. J'exige que la vente soit déclarée nulle et qu'on me rende d'ici à huit jours tout ce qui m'appartient.

— Monsieur, ce que vous demandez là est parfaitement impossible. Vous voudrez bien solder sous trois jours les trente-trois francs quinze centimes qui nous reviennent, ou je me verrai dans la nécessité de vous envoyer l'huissier. Les ventes se font expressément au comptant.

Le jeune homme sort non sans donner des coups de poing sur les tables et des coups de pied dans les boiseries, et tout en se demandant s'il n'a pas été victime d'une hallucination.

XIV

VENTE POUR CAUSE DE DÉPART DU MOBILIER
DE MADEMOISELLE LÉOCADIE

En lisant une affiche qui annonce la vente, pour cause de départ, du mobilier, des diamants, des manteaux, des robes, des cachemires et des tableaux de mademoiselle Léocadie, la spirituelle comédienne, vous dites :

« Tiens, il paraît que Léocadie s'en va. »

Et vous passez.

Si vous connaissiez l'envers de ces genres de
liquidations, votre indifférence ferait place à une
curiosité ironique que nous allons essayer d'apai-
ser sans avoir la prétention de l'assouvir.

Les ventes de cette espèce ne sont pas des ventes,
ce sont des romans. Nous ferons de celui-ci un
roman par lettres, si vous le voulez bien.

M. ERNEST A MADEMOISELLE LÉOCADIE

Chère âme,

Vous me demandez toujours pourquoi je suis
triste et d'où vient qu'en entrant dans votre salon
si resplendissant, en foulant vos tapis de moquette
et en mesurant sur votre pendule Louis XIV le
temps précieux que nous avons à rester ensemble, un nuage vient parfois s'abattre sur mon
front.

Léocadie, il est temps de vous répondre. Il y a
dans la vie deux sortes d'amour : l'un qui vit de

soupers fins, d'écrevisses bordelaises et de clic-
quot à douze francs la bouteille; l'autre qui
recherche la solitude, qui craint les regards étrangers, l'éclat des lumières et qui voudrait découvrir une thébaïde pour y enfouir l'objet aimé. Ce
dernier amour c'est le mien, Léocadie. Vous allez
me traiter de fou, d'insensé, de rêveur, mais je
me résigne d'avance à la situation ridicule que je
me fais. Sachez-le donc, si vous surprenez quelquefois dans mes yeux des élans de colère et même
des éclairs de haine, c'est que je songe en regardant toutes les somptuosités qui nous entoure à
ceux de qui vous les tenez. Et je souffre, oh! je
souffre bien!

Seul avec vous dans une petite chambre aux
environs de Fontenay-sous-Bois ou de Bougival,
voilà le vrai, le réel bonheur. Les rideaux fussent-
ils en percale, les murs fussent-ils blanchis à la
chaux, combien je préférerais la simplicité rus-
tique du plus petit ermitage à toutes les splendeurs de votre somptueux hôtel.

Vous connaissez maintenant la cause de ma

tristesse et de mon découragement. Épargnez-moi donc désormais des questions douloureuses.

Votre seul et unique,

ERNEST.

MADEMOISELLE LÉOCADIE A M. ERNEST

Ami,

Tu m'as comprise, je t'ai compris, nous nous comprenons. Ce que tu appelles mes splendeurs me fait encore plus horreur qu'à toi. Du jour où je t'ai connu, je me suis dit que mon passé était mort. Je veux y passer l'éponge jusqu'à ce qu'il n'en reste plus trace. Tu pourras maintenant franchir gaiement le seuil de ma porte, car dès demain je livrerai au plus offrant toutes ces épaves que tu m'as appris à mépriser et dont la vue trouble notre bonheur.

Léocadie ne veut plus avoir à rougir devant Ernest.

Tout et toujours à toi,

L.....

MADEMOISELLE LÉOCADIE A MADAME FRÉDÉRIC

Ma bonne vieille,

Je vends mes bibelots. Ernest ne veut plus se cogner à mes meubles... C'est une bonne affaire. Va trouver vite mon commissaire-priseur, tu sais, celui d'il y a deux ans. Je t'enverrai quelques ré- clames pour les journaux. Arrange-toi pour que le comte soit à ma vente. Je le connais, il est fier, il rachètera tout ce qu'il m'a donné. Tu te cache- ras dans un coin, et ne manque pas de pousser ferme. Moi je ne veux pas avoir l'air de m'occuper de tout ça, à cause d'Ernest.

Le baron m'a envoyé il y a huit jours un bracelet sur lequel il a fait graver ses armes. Il ne voudra jamais que son écusson coure le commerce. D'autant plus que le bracelet pourrait tomber dans les mains de quelqu'un de sa famille et cela le compromettrait joliment. Il est évident que le baron voudra ravoir mon bracelet à tout prix. Mets des enchères enragées. Je ne t'oublierai pas.

A toi,

LÉOCADIE.

P. S. — Aussitôt la vente faite, viens me voir ou écris-moi, si je n'étais pas à Paris. Si on te demande pourquoi je me défais de mes meubles, invente ce que tu voudras... un deuil de famille par exemple.

L......

MADAME FRÉDÉRIC A MADEMOISELLE LÉOCADIE

Ma bonne petite,

Elle est bien bonne! Ta vente a produit soixante-seize mille francs. Tu ne te figures pas comme j'ai ri; on m'a demandé pourquoi tu vendais. J'ai dit, comme tu me l'avais recommandé, que tu avais perdu quelqu'un. Je ne me rappelle plus si j'ai parlé d'un oncle ou d'un cousin. Enfin, n'importe! Tout ce que je te conseille, c'est de te mettre en noir pendant quelque temps pour la vraisemblance. Du reste tu sais comme le noir te va bien.

Arrivons maintenant aux choses sérieuses. Tous ces messieurs étaient là. Il y en avait quelques-uns qui blaguaient pendant l'exposition. Ce petit imbécile de Gustave surtout, il criait dans la salle comme un aveugle :

« Tiens! l'éventail de M. F... Tiens! la montre
en émail de M. de V... Tiens! le bonheur du jour
du comte S... »

Je lui ai dit deux ou trois fois de se taire, mais
tu sais comme il est insolent; il m'a ri au nez. Ça
n'empêche pas que la salle était comble. On a
commencé par les dentelles, qui n'ont pas été trop
bien parce que les marchandes à la toilette ont
empêché le vrai public d'approcher; mais quand
on a attaqué les bijoux, les choses ont changé
de face. Je poussais tant que je pouvais, quelques amis s'en sont aperçus, et comme on nous
sait très-liées j'ai donné cent sous à un Auvergnat qui tout le temps a mis des enchères pour
moi.

Ton secrétaire de Boule s'est vendu huit cents
francs, ton piano en marqueterie douze cent cinquante. Ton lit a été jusqu'à trois mille sept. Au
moment où on l'adjugeait, Gustave a dit tout haut :
«Bien sûr Léocadie a gagné quelque chose dessus. »
C'est un manant; je te conseille de ne plus le recevoir.

Mais l'événement de la vente a été la lutte du comte et du baron. Ils se sont disputé ta croix de diamants avec un acharnement inouï. Les enchères roulaient par cent francs à la fois. C'était beau à voir. Tout le monde était étonné au possible. Si la croix vaut douze cents francs, c'est tout le bout du monde, et le baron a attaqué de deux mille. Bref, elle a été adjugée au comte pour trois mille neuf. Je lui ai demandé après la vente pourquoi il tenait à ce bijou plutôt qu'à un autre, il m'a répondu qu'il croyait que c'était lui qui t'avait donné la croix en diamants, mais qu'en l'examinant une fois qu'on la lui a eu adjugée il s'est aperçu qu'il s'était trompé et que c'était le baron et non lui qui t'en avait fait cadeau.

Alors il est allé proposer au baron de lui céder son enchère, mais trop tard, l'autre n'a plus voulu.

Viens à Paris le plus tôt possible. Le commissaire-priseur t'attend pour régler tes comptes; c'est un homme bien aimable. On dit que ces

gens-là gagnent des mille et des cents. Ça ne m'é-
tonne pas.

A toi,

Femme FRÉDÉRIC.

MADEMOISELLE LÉOCADIE A M. ERNEST

Mon cher ami,

Reviens vite de la campagne. Il m'arrive une
aventure excessivement bizarre. Mon propriétaire
m'a signifié ce matin que ce qui me restait de mon
ancien mobilier, ne suffisait plus pour répondre
du loyer et que, si je ne me dépêchais pas de remplir l'appartement, il allait purement et simplement me donner congé.

Comme tu penses bien, je l'ai très-mal reçu,
mais j'ai eu beau lui dire que tu répondais du
loyer et que ta garantie valait tous les mobiliers
du monde, il n'a pas entendu de cette oreille-là et

il m'a signifié que d'ici à huit jours j'aie à lui re-présenter :

1° Un ameublement complet de salle à manger;

2° Un meuble de salon avec les rideaux, le dessus de cheminée et les portières;

3° Plusieurs menus meubles de chambre à coucher, parmi lesquels deux pouffs et une table de jeu à peu près comme celle que j'avais, tu sais.

A-t-on idée d'une exigence pareille! Accours, pour t'entendre avec lui. Montre de l'énergie, mais, si tu te voyais forcé de céder, je préférerais des rideaux en damas vert pour le salon et une commode toilette dite à chemin de fer pour la chambre à coucher.

Ton amie pour la vie,

LÉOCADIE.

XV

LES SUCCURSALES

L'hôtel des commissaires-priseurs est l'état-major du commerce en plein vent, mais toutes les ventes n'aboutissent pas fatalement à ce grand centre.

Il y a çà et là des salles annexées qui sont aux salles Drouot ce qu'est une station de chemin de fer à la gare principale, ce qu'est un hameau de cinquante feux à un chef-lieu de quarante mille âmes.

C'est là le royaume du fretin. Les loques et les vieilles ferrailles se donnent rendez-vous dans ces capharnaüms. Mais quand les folies pécuniaires qui se commettent journellement à l'hôtel Drouot mettent à nu la prodigalité parisienne, les salles annexées dont nous allons parler ne servent souvent qu'à la dernière liquidation de la misère ou de la mort.

On a construit ou plutôt on a découvert rue Saint-Éloi, dans un coin inhabitable quoique habité de la Cité, une espèce de hangar divisé en deux compartiments. On pouvait y installer des chevaux, on y a établi des ventes. C'est là que, sous la présidence d'un commissaire-priseur, se dispersent

LES SUCCESSIONS EN DÉSHÉRENCE

Toutes les bonnes, heureusement, n'ont pas été rencontrées par Dumolard. Tous les jours Paris et

la province voient débarquer nombre de pauvres
filles qui viennent chercher de l'ouvrage, et quantité de jeunes gens convaincus que s'ils ne sont pas
prophètes, c'est uniquement parce qu'ils restaient
dans leur pays. Parmi ces émigrants, plusieurs
réussissent à se placer, à faire leur trou, comme
on dit, et après avoir vécu loin de leur village et
dans un oubli réciproque de leur famille, ils finissent par mourir sans héritiers connus.

Mais, dit la chanson :

> Tout n'est pas perdu,
> Perdu pour tout le monde.

Le domaine se présente alors; il prend bravement
en main les intérêts du défunt, il se charge de
rechercher les ayants droit... Il est vrai qu'il
ne les trouve pas, et il se déclare alors légataire
universel.

Toutefois le domaine, en sa qualité d'être im-
personnel, ne peut guère se servir des vieilles
camisoles, des gilets de flanelle et des bonnets
de nuit laissés par les pauvres décédés dont il

hérite à leur insu. C'est afin de transformer ces nippes en argent monnayé qu'il a inventé la salle des ventes de la rue Saint-Éloi.

Là, pas d'experts, pas de gens décorés, pas d'amateurs, pas même de marchands. Un commissaire-priseur et un crieur faisant aussi l'office de commissionnaire la plupart du temps, voilà le personnel.

Le groupe des acheteurs n'est pas mêlé comme à l'hôtel Drouot. Une dame en chapeau scandaliserait la salle. Je ne sais pas si la présence d'un homme en paletot ne provoquerait pas une émeute. Là, les pièces de *cinquinte* centimes remplacent les billets et les louis. On ne laisse pas au client le temps de rien examiner; le hasard est le grand appréciateur dans ces sortes de ventes. Les lots composites et variés qui forment d'ordinaire la vacation ne font que paraître et disparaître dans les paniers des acheteurs; ce sont des coups de lansquenet. Si l'adjudicataire est tombé sur une bonne aubaine, tant mieux pour lui; mais s'il n'y trouve pas son compte, il ne peut s'en prendre à personne, et le plus simple est de tenter un autre coup. Il ne s'agit plus d'avoir du coup d'œil, ce qu'il faut c'est, comme à la roulette, avoir de la veine.

Ce commerce de guenilles, fumier dans lequel il se trouve de vraies perles, rapporte annuellement au domaine des sommes considérables. Une fois la vente faite, les marchands qui se sont partagé les dépouilles du défunt s'installent dans les rues avoisinantes, sur les trottoirs mêmes, et revendent aux passants ce qu'ils ont acheté au commissaire-priseur. Seulement, comme il faut de toute nécessité que le public soit dupe, il arrive que des marchands ont imaginé une industrie spéciale greffée sur ces sortes de ventes. Quand ils apprennent qu'une liquidation de successions en déshérence aura lieu tel jour, il font un paquet de tous leurs vieux fonds de magasin et viennent s'installer à la porte du hangar de la rue Saint-Éloi, de façon à faire croire aux passants que les rossignols de toute espèce qu'ils leur offrent viennent de la vente d'à côté.

16.

On nous permettra de ne pas insister sur les
ventes aux enchères

DU LINGE DES HOSPICES

C'est surtout à ce propos que le vers

Glissez, mortels, n'appuyez pas.

est de mise. Ce n'est plus même un crieur qui reçoit le prix des adjudications, c'est tout bonnement un pompier. Il se promène dans l'auditoire,
le casque à la main, et c'est dans cette escarcelle
improvisée que tombent, non les pièces de *cinquinte* centimes, mais de simples décimes; et encore est-il souvent obligé de rendre de la monnaie.

Nous sommes loin, comme vous voyez, des six
cent trente mille francs payés à l'hôtel Drouot
pour l'*Assomption* du musée du Louvre.

Des ventes infiniment plus intéressantes et plus relevées, ce sont celles qui se font tous les lundis dans les succursales du

MONT-DE-PIÉTÉ

Ces ventes ont un côté douloureux qui fait rêver un philosophe et pourrait inspirer un poëte, mais dont un simple physiologiste n'a pas le droit de se préoccuper. Le catalogue exact d'une vente du Mont-de-Piété prouverait surabondamment que le besoin atteint toutes les classes de la société. Une seule vacation suffit pour permettre de passer en revue la misère de la biche qui apporte au guichet son cachemire pour s'acheter un manchon et son manchon pour s'acheter un bracelet; celle de l'ouvrier qui vient engager ses outils, ce qui l'aide à vivre aujourd'hui en l'empêchant de travailler demain; celle de l'étudiant qui n'hésite pas à absorber dans un déjeuner en tête-à-tête le prix de son habit noir; celle du commerçant qui né trouve moyen de payer ses ouvriers qu'en engageant ses marchandises.

La plupart de ces objets qui changent ainsi de propriétaires par la grâce d'un coup de marteau ont été portés là pour un mois, quinze jours, un jour quelquefois. On s'est dit, en accrochant ce gage au clou traditionnel, que c'était pour parer à un embarras momentané, mais que pour rien au monde on ne le laisserait vendre. Puis les semaines se sont passées, l'argent nécessaire pour le retirer est venu, il est reparti, et vous êtes tout surpris de recevoir un matin un papier qui vous avertit que l'objet en question a treize mois d'engagement sur le corps et qu'il va être prochainement procédé à sa vente.

Inutile de dire que le papier arrive toujours quand on est absent ou décavé.

Quelquefois les propriétaires eux-mêmes du lot mis sur table sont venus assister à la vente et poussent dans l'espoir d'un boni. Mais l'adjudication se fait si vite qu'il est bien difficile de rien combiner entre la première et la dernière en-chère.

De toutes les ventes qui se font au Mont-de-Piété, les plus suivies sont

LES VENTES DE DIAMANTS

Elles donnent naissance à un trafic continuel et à un revidage considérable.

De tous les corps d'état, celui des bijoutiers, joailliers et marchands de diamants est évidem-ment le plus solide et le plus compact. Ces indus-triels manœuvrent dans les ventes avec un en-semble et une régularité admirables. C'est plus que de l'entente, c'est de l'association.

Toutes les après-midi, entre trois et quatre heures, se tient, dans la salle de billard du café des Variétés,

LA BOURSE DES DIAMANTS

Tout ce qui a été acheté autrement qu'à l'amiable vient retomber là pour y être remis à prix.
Pendant une heure ce ne sont que saphirs, rubis,
émeraudes, perles noires. A chaque instant un
nouveau venu arrive et ouvre sur la table de mar-
bre qui sert de bureau sa main ruisselante de
pierreries. On discute, on crie, on s'agite, puis,
quand toutes les affaires sont faites, on replonge
les bijoux dans leurs sacoches respectives, on se
sépare, et le billard reprend ses droits.

XVI

LA MAISON SILVESTRE

Il y a à Paris un endroit où l'on fait des ventes
aux enchères comme à l'hôtel Drouot, avec le secours des commissaires-priseurs et des experts
comme à l'hôtel Drouot, et qui pourtant ne ressemble pas le moins du monde à l'hôtel Drouot.
C'est la maison Silvestre.

La seule différence matérielle qui existe entre
les deux maisons, c'est qu'à celle de la rue Drouot

les ventes se font généralement le jour, et qu'à celle de la rue des Bons-Enfants elles se font d'ordinaire le soir. Quant aux différences morales, elles sont considérables.

Dans les salles de l'hôtel des commissaires-priseurs, l'erreur et la fraude sont continuellement suspendues sur la tête du malheureux acheteur qui s'y hasarde sans s'être muni d'armes suffisamment défensives. A la maison Silvestre l'erreur est rare et la fraude presque impraticable.

Pourquoi?

Parce qu'entre l'amateur de livres et l'amateur de tableaux il y a un abîme. Tandis que celui-ci tend complaisamment son porte-monnaie à tous les industriels en quête de pigeons, et qu'il se trouve livré pieds et poings liés à toutes les fantaisies d'un expert souvent aussi ignorant que lui, l'autre, le bibliophile, sait ce qu'il fait, où il va et ce qu'il achète. A l'hôtel Drouot, les clients forment une cohue; à la maison Silvestre, ils composent un public. L'amateur de tableaux est un rêveur, l'amateur de livres est un savant.

Il n'y a pas un acheteur de la société habituelle de la maison de la rue des Bons-Enfants qui n'en sache autant, et plus, que l'expert chargé de lui présenter l'objet à vendre. Une faute y est aussitôt rectifiée que commise. Un Titien peut être de tout le monde, un Elzevir est d'Elzevir, non d'un autre.

Chacune des salles de la maison Silvestre n'est pas de beaucoup plus vaste qu'une grande chambre à coucher. Des bancs très-rapprochés les uns des autres entourent la table où circulent les ouvrages, laquelle table touche, ou peu s'en faut, le bureau ou plutôt le fauteuil du commissaire-priseur. On voit tout de suite que là les choses se passent en famille, et que les objets s'examinent de près.

L'aspect d'une séance de vente à la maison Silvestre donne l'idée d'une salle d'étude, dont le commissaire-priseur serait ce qu'au collège on nomme le *pion*. Les amateurs y compulsent silencieusement les livres qu'on leur passe, et y enchérissent bien plus du regard que de la parole.

Cette absence totale de mise en scène n'empêche pas certaines ventes de donner d'immenses résultats pécuniaires, et l'attitude réservée des acheteurs n'exclut pas chez eux l'enthousiasme. Les passions contenues sont les plus dangereuses.

A quelle époque précise a été fondée la maison Silvestre? J'aurais quelque peine à donner à ce sujet une date absolue. C'est de 1795 à 1798, si mes renseignements ne me trompent pas. M. Silvestre père, d'une dynastie de libraires qui n'est pas encore éteinte, avait à peine installé chez lui la vente des livres aux enchères, qu'il eut à supporter la concurrence d'un libraire nommé Mauger. Mais la concurrence finit à la mort du concurrent.

Jusqu'en 1815 M. Silvestre eut à peu près le monopole; mais à cette époque MM. de Bure, qui avaient l'habitude de vendre rue des Bons-Enfants, s'imaginèrent que l'exiguïté des salles était un obstacle à l'extension de leur commerce, et ils exigèrent de M. Silvestre l'agrandissement de la salle principale. Celui-ci, plein de cette idée que sa maison était assez grande, pourvu qu'elle fût pleine d'amis, refusa d'accéder à cette ambitieuse réclamation. Les de Bure se séparèrent alors violemment de l'honorable libraire, et allèrent porter leurs ventes à l'hôtel Bullion (que le peuple n'a jamais pu se déshabituer de prononcer Bouillon), rue Jean-Jacques-Rousseau, 3.

Cette scission entre M. Silvestre et les MM. de Bure, qui étaient alors les directeurs presque exclusifs des grandes ventes de livres, faillit devenir fatale à la maison. Commencée en 1815 à propos de la vente Maccarthy, la lutte dura jusqu'en 1830. Et quoique les amateurs s'y trouvassent très-mal, c'est à l'hôtel Bullion que furent faites les belles ventes du commencement de ce siècle, entre autres celles de M. Morel de Vindé.

Les ventes, qui se font presque tous les soirs, en hiver, à la maison Silvestre, sont de trois espèces bien distinctes :

Ventes de livres,

Ventes d'estampes,

Ventes d'autographes.

Nous reviendrons sur chacune de ces trois branches de la curiosité, dont la dernière surtout tend à se développer d'une façon toute spéciale.

Au point de vue de la propreté, de la commodité et du bon goût, la maison Silvestre s'est améliorée sensiblement dans ces dernières années. Les acheteurs ont d'abord été éclairés à la simple chandelle, ce qui présentait, entre autres inconvénients, celui de laisser du suif à peu près sur tous les ouvrages qu'on examinait un peu attentivement.

On me racontait que dans une vente d'estampes une magnifique eau-forte de Rembrandt, représentant un grand rabbin, fut brûlée par un curieux qui avait, pour mieux voir, mis la flamme de la chandelle en contact direct avec l'estampe.

Un autre amateur ayant eu l'imprudence de moucher un soir une autre chandelle, dont le nez dépassait toute proportion, le résidu de la mèche, encore incandescente, tomba sur une lettre très-intéressante du prince de Condé, et la dévora sans qu'on pût en sauver une ligne.

Cet accident fit prendre une mesure énergique. La direction de la maison Silvestre décréta que les ventes seraient désormais éclairées à la bougie. Au bout d'un certain temps on s'aperçut que les taches de suif étaient remplacées par des taches de bougie, ce qui est évidemment plus noble, mais tout aussi salissant. Alors on reprit un parti violent, on changea la forme des flambeaux.

Mais rien n'est obstiné comme la bougie. Elle parvient toujours à franchir les obstacles, quels qu'ils soient. On fut obligé d'organiser dans les salles des suspensions chargées de lampes à l'huile et de quinquets. Mais l'égouttement amena aussi ses désastres, et il fallut songer à protéger sérieusement les ouvrages précieux qui entraient dans les salles.

M. Camerlinck, le directeur actuel de la maison

Silvestre, osa le premier tenter l'éclairage au gaz, dont tout le monde se trouva bien. Il rappropria et assainit, pour ainsi dire, les salles, fit changer les tables en sapin, tellement mâchurées par l'usage, que les experts et les acheteurs, en ramassant les estampes, s'entraient régulièrement dans les doigts et sous les ongles des échardes à discrétion.

Ces améliorations, auxquelles on ne songe pas assez à l'hôtel des ventes de la rue Drouot, ont une importance réelle. La fréquentation de l'hôtel des commissaires-priseurs est la mort aux vêtements, et les chasseurs de chefs-d'œuvre devraient se dire que s'ils y trouvent souvent de vieux tableaux, ils y laissent toujours leurs paletots neufs.

Quoique plusieurs des commissaires-priseurs assermentés de l'hôtel Drouot soient admis à faire les ventes de la maison Silvestre, entre autres MM. Pillet et Déodor, il y a toujours eu entre la rue Drouot et la rue des Bons-Enfants une animosité évidente. Cette rivalité a même pris de temps en temps les proportions d'une lutte. Très-contrariées, probablement, de voir que l'influence des commissaires-priseurs était à peu près nulle dans les ventes de livres de la maison Silvestre, et jaloux d'ailleurs d'un monopole qu'ils se sont attribués on ne sait en vertu de quelle loi, la compagnie des commissaires-priseurs a plusieurs fois tenté de faire fermer les salles de vente Silvestre, afin d'obliger ainsi les ventes à venir à l'hôtel Drouot.

Des procès, dont aucun n'a abouti, ont été entamés à plusieurs reprises, et la maison Silvestre continue à vendre sans *revidage*, sans *maquillage* et sans *enchères fictives*, ce qui est peut-être gênant pour les uns, mais bien heureux pour les autres.

Le premier commissaire-priseur que M. Silvestre attacha à son entreprise fut un nommé Thierry, qui, pendant longtemps, remplit ses fonctions de la manière la plus honorable.

Mais avec l'extension que prirent les affaires de la maison, un seul commissaire-priseur devint bientôt insuffisant. A Mᵉ Thierry succéda M. Lefrançois de la Carlière. Puis vinrent MM. Bonnefonds de Lavialle, Petit, Douchet, Commandeur.

Mais, comme nous le disions plus haut, le goût des livres étant une spécialité qui exige des connaissances pratiques tout à fait particulières, le commissaire-priseur ne joue dans une vente de livres qu'un rôle secondaire. L'homme qui peut le plus peser sur le prix d'achat d'un ouvrage, c'est l'expert chargé de la vente. Mais, quelle que soit, d'ailleurs, la science incontestable des Benjamin Duprat, des Téchener, des Potier, des Labitte, des Tilliard, des Théodore Leclerc, les experts ordinaires de la maison, le véritable expert en fait de bibliographie, c'est le bibliophile qui vient acheter et ne consulte guère d'autres lumières que les siennes.

Les amateurs de livres se connaissent tous, et non-seulement ils se connaissent, mais ils connaissent encore mieux leurs bibliothèques réciproques. Un livre rare est coté longtemps avant d'être mis en vente, et le jour, ce jour qui finit toujours par arriver, où il vient s'échouer sur la table d'une salle de vente, il trouve pour le recuéillir un certain nombre de bibliothèques qui se le disputent à enchères courtoises et, à armes d'autant plus égales que tous les mérites du livre sont appréciés à leur valeur par chacun des concurrents.

La seule valeur qu'on ne puisse lui donner exactement, c'est sa valeur vénale, qu'un moment de délire, auquel tous les amateurs sont exposés, peut faire varier subitement.

La clientèle de la maison Silvestre se compose non-seulement de tous les libraires de Paris, qui y viennent dans l'intérêt de leur commerce, mais aussi et principalement de tous les amateurs quelconques de livres qui y viennent dans l'intérêt de leur passion. Mais, quelque variés que soient les goûts de ceux, et le nombre en est grand, qui se sont jetés à corps perdu dans le livre, il faut toujours les classer de la manière suivante :

Bibliophiles, Bibliomanes et Bibliotaphes.

Dans le principe, quand on achetait un livre, c'était pour le lire. Vous vouliez faire un étude particulière du voyage de Christophe Colomb, et vous appreniez qu'il existait sur la découverte de l'Amérique un ouvrage très-ancien : vous cherchiez cet ouvrage, vous l'achetiez, vous le dégustiez et vous le mettiez ensuite dans votre bibliothèque.

Telles sont dans leur simplicité les origines de la passion des livres. Mais le nombre des amateurs qui achètent un ouvrage pour le fond et non pour l'âge et pour la forme s'est restreint à tel point, que, sauf quelques liseurs et quelques déchiffreurs obstinés de manuscrits, le type primitif du

BIBLIOPHILE

est à peu près disparu, car le bibliophile, ne l'oublions pas, est l'homme qui achète pour lui, c'est-à-dire qui poursuit moins dans les ventes le livre rare que le livre curieux.

LE BIBLIOMANE

est, comme son nom l'indique, le chasseur acharné de tout ce qui, en librairie, peut montrer sa date ou prouver de quelles mains il sort. Ce n'est, à proprement parler, qu'une espèce d'amateur de curiosités. Le bibliomane ne lit pas, il entasse ; il ne s'occupe pas du sens des pages dont se composent les ouvrages qu'il achète, il s'inquiète de la qualité du papier et de la forme des caractères.

Un bibliomane avait reçu un jour la visite d'un homme qui désirait se défaire d'une quantité de manuscrits arabes. Le caractère en était magnifique et le vélin irréprochable. Le bibliomane se précipita sur cette proie, qu'il paya très-cher. Quelque temps après, il sut, par un savant de ses amis, que ces manuscrits précieux étaient tout simplement les registres et les livres de compte de deux épiciers arabes, de trois marchands de chameaux et d'un nombre illimité de marchands de dattes. Il avait fourré dans sa bibliothèque cent soixante-trois volumes de comptabilité. Le bibliomane est tout entier dans cette anecdote.

LE BIBLIOTAPHE

est le tombeau des livres comme l'écrivain public est le tombeau des secrets. C'est une variété originale et plus commune qu'on ne croit du bibliomane. Le bibliotaphe a chez lui quelques livres rares, qu'il met soigneusement sous clef et qu'il ne montrerait pas à son meilleur ami, de peur que celui-ci ne trouvât moyen de les lui voler et d'en faire faire une réimpression, qui ferait d'un exemplaire maintenant unique un livre plus répandu que la *Cuisinière bourgeoise*.

En livres comme en tableaux, à la maison Silvestre comme à l'hôtel Drouot, on trouve

LES SPÉCIALISTES

De même que certains individus se font des musées exclusivement composés de tabatières, certains bibliophiles tournent jusqu'à la fin de leurs jours dans une spécialité dont ils ne sortent pas. Nous connaissons des bibliothèques dans lesquelles on ne trouverait pas un livre ayant trait à autre chose qu'à la théologie. Souvent même ces spécialités en forment d'autres, dont le cadre est encore plus étroit.

La salle Silvestre reçoit quotidiennement ou à peu près la visite d'un petit vieillard qui suit chaque livre mis sur table avec l'ardeur d'un joueur qui pique sa carte au tapis vert.

— Eh bien, monsieur F..., lui disait quelqu'un l'autre soir, vous n'achetez pas ce vieux livre-là? C'est pourtant un intéressant ouvrage de théologie.

— Sans doute, sans doute, répondit le petit vieillard, mais je ne collectionne pas tous les ouvrages de théologie, je n'achète que ce qui se rapporte aux conciles. J'ai chez moi neuf cents volumes sur les conciles; on ne peut pas s'occuper de tout à la fois.

D'autres s'attaquent à la jurisprudence, d'autres à l'histoire, soit française, soit byzantine, soit romaine.

D'autres s'adressent exclusivement aux livres de science. Un enragé bibliomane de ma connaissance a été obligé de louer dernièrement une chambre supplémentaire dans la maison qu'il habite, et il l'a remplie du haut en bas d'ouvrages et de manuscrits sur l'ornithologie.

Mais ces originalités de goût, qui peuvent, à un moment, donner une valeur extraordinaire à un livre qui complète une collection, ne suffisent pas pour déplacer la vogue. Les amateurs qui ont la science et la pratique du livre suivent une route trop battue pour ne pas savoir où ils vont. Le prix d'un livre, sauf les découvertes tout à fait impré-

vues, est beaucoup plus précis et bien moins aléa-
toire que le prix d'un tableau. La plupart du
temps, un client exercé de l'hôtel Silvestre n'a pas
même besoin de tenir l'ouvrage dans la main
pour savoir ce qu'il veut et ce qu'il doit en donner. Les indications du catalogue peuvent suffire.
De même que, sans date aucune sur un livre, on
peut assez facilement deviner à certains indices
l'époque à laquelle il a été fabriqué, ainsi les habiles savent tout de suite de combien un milli-
mètre de marge peut augmenter la valeur de tel
ouvrage.

On a vendu dernièrement, maison Silvestre,
deux exemplaires du même Elzevir. L'un a été
adjugé à quatre francs, l'autre à cent vingt-cinq.
Cette différence énorme entre les deux prix tenait
à ce que le relieur avait un peu diminué les
marges du premier et laissé intactes celles du
second.

Le phénix, l'épiornis, le trésor de tous les abbés
Faria de bibliothèques, c'est

L'INCUNABLE

Découvrir, en faisant des fouilles, une Vénus sans bras ou un incunable, c'est tout un.

Les incunables, tout le monde le sait, sont les livres imprimés depuis l'invention de l'imprimerie jusqu'en 1500. Les incunables témoignent de l'enfance de l'art typographique. Ils sont incomplets, grossièrement imprimés, ridiculement reliés. Ils n'en sont que plus précieux. A l'encontre de toutes les idées généralement reçues, c'est leur imperfection qui fait leur valeur.

Les incunables les plus recherchés sont ceux qu'on nomme : *les avant-coureurs*, dénomination donnée aux impressions qui ont fait naître la première idée de multiplier les livres par le moyen mécanique des types mobiles. La plupart des avant-coureurs connus portent une date ; mais il en est en bibliophilie de la date d'un livre comme de la signature d'un tableau ou de la marque de fabrique d'une porcelaine. Toute la question est de savoir si cette date est authentique. Aussi, quoique plusieurs incunables portent le millésime de 1454, le premier livre d'une date incontestable qui soit arrivé jusqu'à nous est toujours le fameux *Psautier*, imprimé à Mayence en 1457.

On compte aussi dans les incunables les premières impressions de certains pays ou de certaines villes où l'imprimerie n'a pénétré que tard ; les produits de certaines imprimeries d'où sont sortis très-peu de volumes, celles par exemple d'Adam Rot, d'Arnaud de Bruxelles, etc.

Les incunables sans date ne sont ni moins rares ni moins appréciés que les autres. Les amateurs, du reste, ont, pour leur donner une origine et leur constituer pour ainsi dire un état-civil, une foule d'indices, dont les principaux sont :

L'absence de frontispice ;

L'absence des lettres capitales au commencement des chapitres et des alinéa ;

La rareté de ces divisions mêmes ;

L'absence complète des virgules et des points et virgules ;

L'inégalité et la grossièreté des types ;

Le manque de pagination ;

Le manque des signatures et des réclames ;

La solidité et l'épaisseur du papier ;

La non-apposition du nom de l'imprimeur, du lieu et de l'année ;

La grande quantité d'abréviations ;

Les points carrés et le trait oblique en place du point sur les i.

Ces particularités, qu'il est indispensable de mentionner dans une vente publique, rendent excessivement difficile la confection des catalogues. Le moindre oubli peut ôter à un livre de ce genre la moitié de sa valeur.

Ce ne sont pas des mentions, mais de véritables descriptions, que les experts chargés des ventes sont obligés de faire.

Ainsi, nous prenons au hasard, dans le catalogue de la vente Solar, qui a eu lieu en février 1861, la description suivante du n° 3168 :

3168. HEURES DE LA VIERGE ET DE LA CROIX. Manuscrit du treizième siècle, in-8 de 129 feuillets, miniatures, rel. en m. brun à comp., tr. dor.

Ce livre d'heures est orné de 20 miniatures, de 130 grandes capitales sur fond d'or, de 1,059 petites capitales gothiques en or, et de tirets également en or, à la fin des versets. On compte au moins douze pages écrites en lettres d'or.

Ce manuscrit serait magnifique s'il n'était devenu la propriété d'un certain Mercier, qui le possédait dans les premières années du dix-septième siècle. Nous croyons qu'il a servi de jouet aux enfants dont Mercier a inscrit la naissance dans les blancs du calendrier. — La plupart des miniatures sont fatiguées; mais les portraits de la Vierge, de Jésus-Christ et des anges, qui occupent le centre de 31 grandes capitales, ont été beaucoup mieux conservés. Les petites capitales et les tirets ne laissent rien à désirer. Au surplus, la plus grande partie du volume n'a subi aucune dégradation.

L'importance de ce manuscrit consiste surtout dans les nombreux passages des *Heures de la Croix*, écrits en langue romane. Le *Calendrier* tout entier reproduit notre idiome national. Ainsi les mois de mars, juin, juillet, août et octobre sont nommés : *maus, jugnes, julet, awost* et *octembre*. Parmi les saints, nous citerons : *sains Piere lou mairtir, sains Nicolais, sainte Gertruis, sainte Potence, sains Maidair* (Médard), *sains Burchenieu* (Barthélemy), *lai tous sains :* au 25 août, au lieu de saint Louis, on trouve *sains Genoy*.

Voici le prologue des *Heures de la Croix :* « Ci-après comancent les houres de la croix en romant que pape Jehans fist, et donnoit à tous ceulx qui les diront un an de vrai pardon. »

Nons lisons plus loin : « Jhesus quant vostre chair benoite et precieuse Souffrit pour moy en croix lai mort si dolerouse, Bien doit estre mai pechorise hontouze, Quelle quiert ses soulais ai et si orguillouze. »

On s'aperçoit aisément que ce fragment est en vers, quoiqu'il soit écrit comme de la prose. Cette remarque s'applique à tous les passages en langue romane. Il y a beaucoup de vers trop courts ou trop longs ; mais nous pensons qu'il faut attribuer ce défaut de versification à la négligence ou à l'ignorance du copiste.

Nous sommes loin, on le voit, de cet expert en tableaux attaché à l'Hôtel des commissaires-priseurs, qui prenait l'Apocalypse pour un peintre allemand.

LIVRES, RELIURES ET AUTOGRAPHES

Aujourd'hui, les incunables étant tous classés ou à peu près, il a bien fallu que les bibliophiles portassent sur d'autres ouvrages leur érudition et leur esprit de découverte. C'est à la maison Silvestre que se donnent rendez-vous les chercheurs

D'éditions du quinzième siècle, c'est-à-dire celles qui viennent immédiatement après les incunables;

De livres imprimés sur vélin ou sur des papiers particuliers;

De livres à figures;

D'éditions de luxe;

De livres tirés à petit nombre ou dont l'édition a été détruite, ou dont il n'est parvenu en France que quelques exemplaires;

D'éditions des Alde et de celles des Elzevier ou Elzevir;

De livres curieux, singuliers ou inconnus.

Dans cette dernière catégorie, ce sont quelquefois les plus minces opuscules, de simples feuilles volantes mêmes, qui, en vente publique, atteignent les prix les plus élevés.

Enfin, il y a parmi les habitués de la maison Silvestre une classe modeste d'amateurs qui ont concentré toute leur passion et leur science sur un seul point, qui ne tient qu'accessoirement à la bibliophilie. Ce sont les

AMATEURS DE RELIURES

La question de la reliure a pris depuis longtemps des proportions exagérées. La reliure donne
au livre son véritable cachet d'aristocratie. Un
livre sans reliure c'est une voiture sans armoiries.
Je ne serais pas étonné qu'au bout de cette course
aux reliures il y eût un peu de vanité nobiliaire.

Il y a des gens qui feraient toutes les folies
imaginables pour posséder un in-quarto décoré
du double croissant, monogramme amoureux de
Henri II et de Diane de Poitiers.

Le double croissant est beaucoup plus rare
dans le commerce que la salamandre qui orne les
couvertures de tous les livres composant le tré-
sorier de François Ier; de là la grande valeur des
reliures de Henri II. La salamandre n'en est pas
moins très-courue. Après quoi viennent, dans

l'ordre de la faveur publique la tête de mort de
Henri III et le double écusson de Henri IV.

En dehors de ces royaux souvenirs, les trois
abeilles ou (taons) de de Thou ont un énorme
succès de bibliothèque. Un livre relié en maro-
quin, empreint de cet écusson et provenant de
façon certaine de la bibliothèque du grand histo-
rien Jacques-Auguste de Thou, vaut au moins dix
ou douze fois plus qu'il ne vaudrait dans les conditions normales, et cette progression peut gran-
dir encore selon l'importance de l'ouvrage, surtout s'il est en français, langue qui n'a fourni à
la collection du célèbre président qu'un très-petit
nombre de volumes.

Voilà pourquoi sans doute un exemplaire de la
première édition des *Essais* de Montaigne, in-octavo
recouvert d'un simple vélin blanc portant les armes
de de Thou, a atteint le prix de cinq cent vingt-
sept francs à la dernière vente de Charles Nodier.
Croirait-on que ce même exemplaire avait été
adjugé pour onze francs cinquante-cinq centimes
à la vente de Firmin Didot, en 1811, et en pré-

sence même de l'amateur, qui, à la vente de
Nodier, devait pousser l'enchère jusqu'à cinq cent
vingt-six francs.

Les écussons du comte d'Hoym, ambassadeur
du roi de Pologne en France, ont parmi les bibliophiles une réputation considérable ; un autre
écusson, moins noble, mais tout aussi goûté, c'est
celui de Girardot de Préfond.

Charles Nodier, lui aussi, a voulu mettre son estampille sur chacun des treize cents volumes qu'il
avait rassemblés avec tant de patience et tant de
goût. Il les a ornés de son *ex museo*. Le jour de
sa vente, la sympathie et la passion aidant, les
treize cents volumes du modeste homme de lettres
ont atteint le gros prix de soixante-huit mille
francs.

L'espoir de trouver une reliure de du Seüil, de
Padeloup, de Derome père et de Derome le jeune,
ferait entreprendre à un amateur de ces sortes de
curiosités l'ascension du mont Blanc ; et on me
racontait dernièrement qu'un de nos fanatiques
avait commencé une histoire de France, recom-

posée par l'étude des écussons dessinés sur les
livres qui ornaient nos différentes bibliothèques.
C'est aller un peu loin.

Entre l'amateur de livres et

L'AMATEUR D'AUTOGRAPHES

les différences sont frappantes. Il est rare même
que ces deux passions se rencontrent chez le
même individu. Du reste, la science bibliogra-
phique et la connaissance autographique n'ont
entre elles que des points de repère assez éloi-
gnés. Pour la première, le goût suffit avec l'érudition; pour la seconde, il faut avoir surtout du
coup d'œil.

Les fraudes en matière de librairie sont très-
difficiles et conséquemment très-rares. En outre,
les libraires, bibliophiles eux-mêmes pour la plupart, se feraient scrupule de tromper des amateurs qu'ils regardent, à bon droit, comme des

confrères. A peine si, de temps en temps, on intro-
duit dans une vente publique quelque édition nouvelle recouverte d'un vieux parchemin, mélange
auquel les naïfs seuls se laissent quelquefois prendre, et que les amateurs voient passer en haus-
sant les épaules.

En fait d'autographes, il y a infiniment plus de
précautions à prendre. Rien n'est facile comme
d'imiter l'écriture et la signature de Pascal ou du
grand Condé, et de leur faire parler au dix-neuvième siècle la langue du dix-septième. Les faux
en écriture authentique ne sont pas rares dans le
commerce des autographes, et ce qui en fait le
danger, c'est qu'il est bien difficile d'atteindre les
coupables. Il faudrait avoir à son service des spi-
rites d'une force invraisemblable pour pouvoir
évoquer l'esprit du grand Condé, afin de lui faire
reconnaître ses pattes de mouche.

Il ne faut pas s'attendre à ce que la science des
esprits frappeurs en soit arrivée là avant longtemps.

L'amateur d'autographes, comme l'amateur de

tableaux, doit donc avoir le regard exercé, surtout s'il ne s'en tient pas aux pièces à peu près modernes, et, par conséquent, d'une vérification facile. Le danger de la fraude en matière d'autographes grandit, du reste, à mesure que les collections de ce genre augmentent et se multiplient. Le hasard joue un si grand rôle dans la découverte des pièces rares, que tout le monde ou à peu près se mêle aujourd'hui de rassembler des lettres ou des notes signées de noms célèbres.

On en est arrivé à mettre pour ainsi dire en coupe réglée et en exploitation permanente la signature des hommes connus. Il y a toujours quelque part un album où les hommes de lettres, d'épée ou de robe, sont invités à aller consigner leurs réflexions et leurs pensées, qui seront ensuite mises en loterie au profit de quelque jeune et intéressante orpheline.

Les ventes d'autographes sont fréquentes à la maison Silvestre. Mais celles qui s'y font ont généralement une telle importance et proviennent d'amateurs tellement connus, que l'authenticité de chacune des pièces ne peut être mise en doute. La collection dont la dispersion a fait le plus de bruit est celle de M. Lajariette. Pendant vingt jours M. Charavay, l'expert, a vendu chaque jour environ cent quatre-vingts autographes, dont pas un qui n'eût son intérêt historique.

Le catalogue seul de cette vente curieuse, qui a eu lieu vers la fin de 1860, est un monument où les révélations de toutes sortes abondent :

Je lis par exemple au n° 225 du catalogue :

BECKER (Léonard-Nicolas), comte de Mons, général de division, qui conduisit Napoléon à Rochefort en 1815.

Lettre au duc d'Otrante. De retour de Rochefort, où il a conduit Napoléon, il demande, en récompense de ce service, d'être nommé grand-croix de la Légion d'honneur. En tête de cette curieuse lettre se trouvent ces mots de la main de Fouché : « *Lui écrire une lettre obligeante et lui promettre l'intérêt du ministère.* »

On voit qu'à la rigueur, il serait plus facile de

reconstruire l'histoire de France sur des autographes que sur des reliures.

LES ESTAMPES

De toutes les ventes qui se font à la maison Silvestre, la vente d'estampes a certainement le plus de physionomie. L'amateur d'estampes n'était, dans le principe, qu'un diminutif de l'amateur de tableaux ; il se contentait de la menue monnaie des jouissances artistiques de celui-ci et se résignait au rôle de doublure. Mais peu à peu les ailes lui ont poussé, l'ambition est venue, et, à force de découvrir dans les estampes des beautés qu'il n'y soupçonnait pas d'abord, il s'est posé peu à peu en rival du tableaumane.

La culture des estampes comprend plusieurs genres de recherches. Les uns poursuivent la quantité, la série, comme on dit à la roulette. Il leur faut tous les portraits, gravés bien ou mal d'après

Van Dyck ou le chevalier Lely; d'autres courent après la qualité; ils ne veulent que des eaux-fortes de Rembrandt ou de Marc-Antoine Raimondi. Les amateurs d'estampes gravées par les peintres eux-mêmes d'après leurs tableaux sont nombreux; ceux qui cherchent les gravures ou eaux-fortes originales ne le sont pas moins.

La passion des estampes est donc la plus compliquée de toutes, Elle exige, indépendamment du goût et du coup d'œil, des connaissances pratiques sérieuses et une mémoire toujours prête. Il faut savoir distinguer ceux qu'on appelle en gravure *les grands maîtres* et ceux qu'on a surnommés *les petits maîtres*.

Il est indispensable d'étudier à fond la question des monogrammes, qui a, en gravure, une importance beaucoup plus grande qu'en peinture, puisque nombre de graveurs n'existent absolument que par les monogrammes qui les représentent.

On demande d'une estampe : De qui est-elle? et on répond : Elle est de X, d'Y ou de Z, comme on dirait d'un tableau : il est de Rubens, de Terburg ou de Metzu. Ces maîtres inconnus, qui ne possèdent pour tout nom qu'une lettre de l'alphabet, n'en sont pas moins très en honneur parmi les chercheurs d'estampes. Ce qui prouve qu'il n'est pas nécessaire de porter un grand nom pour être un grand homme.

Les mille et une qualités que doit ou au moins que peut réunir une seule et même estampe rendent très-difficile et très-ardu le métier d'expert en gravures.

Aussi, en dehors de M. Vignères, l'expert ordinaire de la maison Silvestre, homme dont l'érudition est prodigieuse; de M. Clément, le marchand d'estampes, et de M. Defer, il est à peu près impossible de rencontrer un expert capable de rédiger le catalogue d'une vente un peu curieuse, sans y entasser des erreurs plus ou moins graves.

La valeur exceptionnelle d'une estampe tient souvent à si peu de chose, qu'il faut avoir le regard particulièrement exercé pour reconnaître, dans un lot composé quelquefois de dix ou quinze pièces, les qualités spéciales de telle ou telle.

On a vendu dernièrement à la maison Silvestre, dans un amas de gravures insignifiantes, une magnifique copie de la *Joconde* de Léonard, faite au crayon noir par le baron Desnoyers, le célèbre graveur, qui, évidemment, la destinait à la gravure. Dans la précipitation de la vente, elle fut mise sur table dans un lot et adjugée comme une simple lithographie pour le prix d'environ un franc cinquante centimes.

La loupe joue un très-grand rôle dans l'examen des estampes. Comme les tableaux, elles ont leurs retoucheurs. Il s'agit de savoir au juste si ce trait qui vous choque n'est pas du maître lui-même; et, quand il est bien prouvé que le trait n'est pas de lui, il ne reste plus qu'à découvrir de quelle main il peut être et de quelle époque il date.

Vous voyez que tout n'est pas rose dans les expertises de cette nature et que des erreurs si faciles sont bien un peu excusables.

Un danger tout récent, qui menace également

la Banque de France et le commerce des estampes, c'est la photographie.

Quelques objectifs sont arrivés à une telle fidélité de reproduction, qu'il est très-malaisé de savoir si l'on n'a pas sous les yeux l'eau-forte originale.

On a fait admirer dernièrement, pendant une grosse demi-heure, à plusieurs amateurs réunis, un *Cochon à l'étable*, merveilleuse eau-forte de Rembrandt, et c'est après avoir reçu de ces messieurs les propositions les plus brillantes, que le propriétaire du chef-d'œuvre leur a avoué que l'épreuve en question était une simple reproduction photographique qui lui avait coûté vingt-cinq sous.

LA PIÈCE UNIQUE

est le mirage perpétuel de l'amateur d'estampes. Une pièce unique devient un tableau. Le rêve mille fois caressé du fanatique d'estampes, c'est d'anéantir le tirage entier de toutes les gravures, sauf une seule et unique épreuve, celle qu'ils possèdent, bien entendu

Ce qui fait la force des pièces uniques, c'est que, n'ayant pas de concurrence, elles n'ont, conséquemment, pas de prix. De relative, leur valeur devient absolue. Aussi, est-ce presque toujours sur les pièces uniques que les amateurs engagent les plus grosses sommes.

Il y a quelques années déjà, un catalogue annonçait, au milieu d'une vente de pièces communes, une pièce unique du plus grand et du plus réel intérêt. C'était un *Guillaume Tell* de Jacques Callot.

On a de Jacques Callot les *Misères de la guerre*, les *Mendiants* et plusieurs autres séries admirables, mais on n'a pas de *Guillaume Tell*.

Ce *Guillaume Tell* était donc bien réellement une pièce unique.

Pendant les quinze jours qui précédèrent la vente, l'émotion fut grande au camp des amateurs. Tous les yeux convergeaient vers ce *Guillaume Tell* inconnu. — Un Callot inédit ! c'est à vendre, pour l'avoir, le domaine de ses pères.

La puissance du chercheur de curiosités quelconques est dans la dissimulation, et l'art suprême en fait d'achats artistiques, c'est de faire croire à ses voisins et concurrents qu'on court après un tout autre objet que celui qu'on vise en effet.

Les poursuivants du fameux *Guillaume Tell* ne manquèrent pas à la tactique de rigueur. Ils se recherchaient les uns les autres afin de sonder leurs intentions réciproques, et feignaient de s'être rencontrés *comme par l'effet du hasard.*

On causait de tout, excepté du Callot auquel tout le monde songeait.

— Il est possible, se disait l'un en *à-parte*, que moi seul aie remarqué l'indication du catalogue. D'ailleurs, je sais, moi, qu'il n'existe pas de *Guillaume Tell* dans l'œuvre de Callot ; mais bien des gens l'ignorent. En voyant l'annonce d'un *Guillaume Tell*, combien auront passé outre sans réfléchir que c'était une pièce unique. Malheureusement, comment faire pour m'assurer que personne autre n'a jeté son dévolu sur ma trouvaille ? Si j'interrogeais habilement mes rivaux probables sans dire de quoi il s'agit, mais en tâchant de les faire parler ? C'est qu'ils sont malins ! S'ils en veulent, ils se tairont. Attendons la vente.

— Il n'y a qu'un moyen de les dépister, se disait l'autre, c'est de leur affirmer que la pièce n'est pas unique. Callot a habité l'Italie. Si je leur soutenais que j'ai vu à Florence plusieurs autres épreuves du *Guillaume Tell ?* Mais, voilà, ils connaissent tous l'Italie comme leur poche ; ils me demanderont dans quelle rue, chez quel marchand, et ils s'apercevront toute de suite que je leur ai fait un mensonge, ce qui doublera leur envie d'acheter l'estampe. Que faire? Voyons-les venir d'abord.

— Le plus simple, pensait un troisième, c'est d'aborder franchement la question du *Guillaume Tell*. Il est certain qu'en ce moment toutes les têtes travaillent, et que le silence et le mystère ne feront qu'augmenter la fermentation. En mettant carrément la pièce unique sur le tapis, on provoquera une discussion, et, avec de l'adresse, je parviendrai peut-être à en décourager quelques-uns. Ce sera toujours ces concurrents-là d'éliminés au jour de l'adjudication.

Après trois jours de cette guerre d'embuscades, la bombe éclata. Le *Guillaume Tell* fut travaillé de la belle manière par tous les futurs enchérisseurs.

— En admettant que ce soit une pièce unique, il ne faudrait pas non plus s'en exagérer la valeur. Les Callot sont devenus très-communs; tout le monde en fait collection aujourd'hui; il n'y a pas de gravurier qui n'ait son carton pour les Callot ; c'est un homme qui avant peu subira une fière dégringolade.

— Ce que vous dites-là est bien vrai. Aussi, moi j'irai à cette vente parce que j'ai autre chose à y acheter ; mais du diable si je me serais dérangé pour leur pièce unique. Ah ! des pièces uniques ! j'en ai comme la maison Silvestre n'en verra jamais sur ses tables. Et vous, est-ce que vous irez ?

— A la vente ? ma foi, non ! Je pars samedi pour la campagne ; vous pensez bien que je ne vais pas revenir exprès. Qu'est-ce que ça peut valoir ce Callot-là, prix marchand ?

—Oh ! pas grand'chose, allez. Au prix où est le papier timbré, ce n'est pas moi qui m'amuserai à mettre des grosses sommes dans des Callot. Je pousserai l'estampe jusqu'à trente francs, pas un sou de plus, et je ne pense pas qu'aucun de vous fasse la folie d'aller de beaucoup au delà.

— Oh ! non ! dirent les amateurs en chœur.

Le soir de la vente, tous, exacts comme de bons gardes nationaux, s'étaient rendus à la maison Silvestre.

— Tiens! faisaient-ils à chaque entrée nouvelle, vous aviez dit que vous ne viendriez pas?

— Eh bien! oui, je passais par ici; vous savez, quand on passe...

— C'est comme moi!

Enfin, l'expert annonce le *Guillaume Tell*. Émotion et rumeurs, tous sont haletants; les plus braves se contentent d'essuyer avec leur mouchoir leur front, où perle la sueur de l'angoisse.

Au moment où l'estampe tant attendue tombe sur la table, on se précipite, on se heurte, on regarde...

Le *Guillaume Tell* était un *saint Sébastien*, eauforte très-connue de Callot. L'expert avait vu des flèches et un homme attaché à un arbre; il ne lui en avait pas fallu davantage pour se croire en face d'un *Guillaume Tell* dans l'exercice de ses fonctions.

Les amateurs en furent quittes pour une espérance rentrée.

Cette anecdote, qui se renouvelle souvent, prouve qu'il faut faire peu de cas des experts et grand cas des épreuves uniques.

XVII

LES VENTES DE BERCY

Le seul nom d'Asnières éveille dans l'esprit une idée de friture. De même il est difficile d'entendre prononcer ce mot : Bercy, sans qu'une odeur de vin vous monte à la tête, Bercy, en effet, n'est ni une ville, ni un village, ni un hameau ; c'est avant tout, et en dehors de tout, le royaume du vin.

Si Bercy n'était qu'un royaume, nous ne l'eussions vraisemblablement pas nommé dans ce livre; mais c'est spécialement le centre d'un immense commerce, et quoique entre le quaï de la Râpée et la rue Drouot la distance soit longue et les rapports assez rares, les ventes de Bercy cachent encore assez de petits mystères pour que nous essayions de percer à jour quelques-unes de leurs feuillettes.

Après avoir franchi la barrière de la Râpée on se trouve au milieu d'un quai trop étroit entre de longues files de tonneaux symétriquement rangés sur les berges ou voiturés sur des haquets.

C'est-là ce qu'on appelle le port de Bercy.

L'animation presque continuelle du port de Bercy est telle qu'on se croirait, tout d'abord, tombé en pleine fête publique. Seulement, au rebours des autres, cette fête-là est beaucoup plus bruyante et plus agitée pendant la semaine que le dimanche.

Les ventes de Bercy peuvent mieux que toutes

autres se qualifier de ventes publiques, car c'est la plupart du temps en plein air, s'il fait beau, ou dans la salle commune d'un restaurant, s'il pleut, que se nouent et se concluent les plus grosses affaires.

Aussi les nombreux établissements de marchands de vin traiteurs qui longent le quai sont-ils devenus peu à peu de véritables succursales de la Bourse où des questions capitales de hausse et de baisse s'agitent entre un carambolage et un rognon sauté.

Ces maisons privilégiées où le commerce pourrait être personnifié par un marmiton et un sommelier, s'appellent le *Rocher de Cancale*, les *Marronniers* et la *Terrasse*.

A côté de ces restaurants qui ont leur importance, il y a à Bercy, les traiteurs, les petits marchands de vin et enfin les bouchons. C'est dans un bouchon du quai que naquit Louis Veuillot, à qui, malgré ses prétentions, il est toujours resté quelque chose de la grande halle au milieu de laquelle il avait passé son enfance, et

qui se souvint de son origine le jour où, comme
dit le poëte, le journaliste traiteur

> Imagina de mettre une feuille poissarde
> Au service de Jésus-Christ.

L'entrepôt des vins du quai Saint-Bernard fut
commencé en 1811 et entièrement terminé seulement en 1845. L'édification totale en a coûté environ trente millions.

Il se compose de huit magasins ou pour mieux
dire, de huit quartiers, qui se divisent en trois
cent trente-cinq caves ou celliers destinés aux
vins, huiles et vinaigres pouvant contenir un million d'hectolitres; et en soixante-neuf celliers
pour les spiritueux, lesquels peuvent recevoir
cent cinquante mille hectolitres.

Soixante-six fontaines fournissent l'eau néces-
au rinçage des futailles.

Le produit moyen des locations s'élève annuellement à trois cent vingt-cinq mille francs, et celui des droits perçus au profit du Trésor et de la
Caisse municipale à peu près à dix millions.

Le port annexe qui dépend de l'Entrepôt, devant lequel il a été construit a un développement de huit-cents mètres de long.

Eh bien! malgré l'importance de la Halle aux vins du quai Saint-Bernard, elle est infiniment moindre que celle de l'Entrepôt de Bercy, qui reste encore le plus vaste marché de liquides qui existe en Europe.

Les *existences* renfermées dans Bercy s'élevaient, au 1ᵉʳ janvier 1858, à deux millions deux cent quatre-vingt-deux mille cent soixante et un hectolitres et le commerce de Bercy donne par an tant au Trésor qu'à l'Octroi, plus de vingt millions de francs pour droits d'entrée dans la capitale.

C'est dans ce fleuve de vin rouge, blanc et bleu que s'agitent et que se noient quelquefois les nombreuses professions qui se rattachent au commerce des vins.

La plus simple en même temps que la plus productive de toutes est sans contredit celle du

MARCHAND EN GROS

qui va dans les différents pays vignobles acheter directement aux propriétaires les vins qu'il revend en suite en détail aux marchands de Bercy.

Un métier infiniment plus périlleux, c'est celui de

COMMISSIONNAIRE EN VINS

Le commissionnaire en vins ne reçoit des marchandises que comme intermédiaire, mais les placements ne suivent pas toujours immédiatement les envois, et il se trouve souvent obligé de faire aux propriétaires des avances sérieuses. Aussi, pour être sûr de ne pas tout perdre, a-t-il

pris l'habitude de faire rembourser au prix fort
à son envoyeur les fonds que celui-ci a demandés comme à-compte, ce qui réduit parfois très-
sensiblement le bénéfice du propriétaire.

Le commissionnaire est un agent de change au
petit pied qui vous exécute au premier retard.

Il est rare néanmoins que les exigences du
commissionnaire sortent de la légalité, mais là
où notre rôle de critique commence, c'est dans
l'examen de la profession, très-répandue à Bercy,
de

CONSIGNATAIRE

Si un individu achète, à crédit moyennant des
billets à une échéance plus ou moins longue, une
montre en or, qu'il va ensuite mettre en gage
chez un bijoutier, non-seulement au cas où les
billets ne sont pas payés la loi punit celui qui les

a faits, mais elle atteint aussi le bijoutier qui a prêté sur un gage.

Or, le consignataire devient, dans un grand nombre de circonstances, un simple prêteur sur gages, avec cette aggravation toutefois qu'au lieu de prêter de petites sommes sur des gages de peu d'importance, il opère souvent sur des sommes considérables et sur des gages d'une valeur énorme.

Un monsieur gêné a besoin de dix mille francs. Pour peu que le monsieur soit aussi indélicat que gêné, voici la marche qu'il suit pour se les procurer. Il se met en relation avec un gros négociant de Bercy, s'arrange pour capter sa confiance, et quand le moment lui paraît favorable, il fait au négociant une forte commande de vin, vingt-cinq ou trente mille francs par exemple.

Sans défiance, le négociant lui adresse les vins demandés; seulement comme il n'est pas d'usage de payer trente mille francs de vin comptant, on fait faire au client des billets que celui-ci souscrit sans la moindre difficulté. Mais à peine le dernier

billet est-il parafé que l'acheteur fait immé-
médiatement transporter les futailles livrées chez
un consignataire qui estime les vins et, pour ne
pas s'égarer, prête dix mille francs sur le tout, à
condition bien entendu que si les dix mille francs
ne sont pas remboursés dans un délai fixé, les
vins seront vendus au plus offrant, sans que le
débiteur puisse prétendre au moindre boni.

Les dix mille francs ne sont pas remboursés,
bien entendu, les vins sont vendus, le consignataire rentre dans ses fonds, le débiteur ne paye
pas les trente mille francs de billets souscrits, et
le seul volé dans l'affaire, c'est le marchand, qui
n'a même pas la faculté de reprendre sa fourni-
ture, laquelle a été vendue au profit d'un autre.

Il est absolument inutile d'avoir les moindres
notions vinicoles pour faire des affaires de cette
nature. Il ne faut que de l'audace et une con-
science suffisamment élastique. Malheureusement
ces deux qualités se rencontrent aujourd'hui chez
un grand nombre d'individus. Aussi la consignation est-elle plus florissante que jamais.

Loin de nous l'idée de la moindre personnalité, mais nous savons des gens, si non haut placés, au moins très en vue qui, pour faire face à des échéances difficiles, ont eu recours plusieurs fois à la consignation.

Il est vrai que les premiers billets ont été payés au marchand, mais le vin n'en a pas moins été vendu pour rembourser le consignataire.

Ce n'est plus alors une affaire d'escroquerie, c'est une affaire d'usure, dans laquelle le malheureux acheteur se trouve avoir emprunté à deux cent cinquante ou trois cents pour cent.

Franchement, les crocodiles empaillés dont parle Molière étaient encore préférables.

De tout temps les grands commerces ont donné naissance à une profession qui est au négociant ce que le pique-assiette est à l'amphitryon, à la table de qui il trouve quand même moyen de se glisser; cette profession est celle de *courtier*.

De toutes les affaires commerciales, celles qui se font à Bercy sont certainement les plus fécondes en courtages. Ces remises sont même, perçues de toutes parts sur un si grand pied, que sur le quai de la Râpée, comme à la Bourse, il a fallu distinguer les courtiers autorisés de ceux qui ne le sont pas. Seulement, à la Bourse des vins, il a été impossible jusqu'ici de supprimer la coulisse.

LE COURTIER JURÉ

est une sorte d'agent de change. Il sert d'infermédiaire entre l'acheteur et le vendeur. N'est pas courtier juré qui veut. Il faut, pour obtenir ce diplôme lucratif, subir un véritable examen, devant une véritable commission composée d'hommes du métier, j'allais dire d'hommes de l'art. Le courtier juré est, en cas de contestation, l'homme de la justice. Il a le droit de dresser des procès-verbaux, et presque toujours ses arrêts sont déclarés exécutoires. Son rôle, non comme juge, mais comme courtier, est de faire acheter à ses clients les meilleures marchandises au meilleur marché possible. L'ancien courtier avait d'ordinaire la confiance presque absolue de ses clients, et quoique la confiance soit généralement faite pour qu'on en abuse, le courtier d'autrefois n'en abusait pas.

Aujourd'hui les consciences se sont élargies à mesure que les besoins ont augmenté. Le courtier juré a fait comme tout le monde, il a changé ses allures. Au lieu de rester simple intermédiaire, il s'est fait représentant de maisons. J'en sais qui en représentent jusqu'à quatre à la fois. Jugez du tiraillement qui en résulte. Quand on se trouve avoir tant d'intérêts personnels en jeu, il est rare qu'on ne se décide pas à sacrifier ceux de ses clients. On ne peut pas avoir l'œil à tout.

Le courtage est un impôt qui, si l'on n'y prend garde finira par dévorer le fonds. Un courtier représente une maison qui *fait* les vins du Midi, par exemple. Il prélève comme courtier un certain bénéfice sur les affaires de la maison. Il

adresse les vins qu'on lui confie à un commissionnaire qui donne aussi un courtage. Le courtier
achète ensuite ces vins pour ses clients chez ledit
commissionnaire, et cet achat lui vaut un nouveau
courtage.

Au fond, ces courtages si onéreux sont distri-
bués par les marchands et les commissionnaires
avec d'autant plus de facilité que celui qui les
donne véritablement c'est... le client.

LE COURTIER-MARRON

fait au moins autant d'affaires que l'autre, seulement il les fait sans diplôme, jusqu'à ce que sa
réputation d'homme habile et d'honnête homme
soit assez solide pour qu'il puisse poser sa candi-
dature comme courtier juré.

Quelques courtiers marrons sont de dangereux

concurrents pour les courtiers jurés, à qui ils enlèvent souvent des clients; mais là, comme partout, le courtier marron est presque toujours un entrepreneur d'affaires véreuses, et, sauf un certain nombre d'exceptions honorables, c'est quand on a essayé de tout sans pouvoir réussir à rien qu'on se fait courtier marron.

Nous avons dit que les rapports étaient assez rares entre le port de Bercy et l'hôtel des commissaires-priseurs. Il arrive quelquefois, cependant, que des circonstances particulières amènent dans les salles Drouot des vins qui, d'ordinaire, ont eu des malheurs.

Lorsqu'un consignataire n'a pu, par des moyens amiables, rentrer dans l'argent qu'il a prêté, ce qui se produit souvent, il envoie purement et simplement son gage aux commissaires-priseurs, qui le vendent aux enchères; seulement nous engageons le lecteur à se défier des ventes de vins faites à l'hôtel Drouot, à moins qu'elles ne proviennent de successions sérieuses, il est rare que l'ivraie n'y soit pas à forte dose mêlée au bon grain, autrement dit la piquette aux vins fins. L'hôtel Drouot a trouvé moyen de se faire dans le public une si déplorable réputation, que quand on a à écouler quelque marchandise avariée, c'est presque fatalement à ce grand bureau de placement qu'on s'adresse.

Il y a quinze ou dix-huit mois, par exemple, le Jockey-Club avait acheté une assez grande quartité de pièces d'un vin particulier qui par une nuit d'orage tourna subitement.

Ce vin n'étant plus buvable, l'administration du Jockey-Club allait le faire tout bonnement vider dans le ruisseau, lorsqu'un courtier lui offrit d'acheter le tout pour une somme minime. L'affaire se fit; le courtier (était-il juré? était-il marron? je l'ignore) fit transporter à l'hôtel des commissaires-priseurs les bouteilles, qui portaient toutes l'estampille du Jockey-Club. Cette marque respectable allécha le public, et chaque bouteille fut payée aux enchères dans les prix de trois à quatre francs. Le courtier réalisa ainsi un bénéfice tellement disproportionné qu'il est revenu dernièrement au Jockey-Club demander si on n'avait pas à lui vendre d'autres bouteilles de vin tourné.

Cette anecdote nous ramène à dire à la fin de cette étude ce que nous avons dit au commencement : prenez garde à l'hôtel des Ventes! Peut-être trouvera-t-on que nous avons traité un peu sévèrement tous ceux qui tiennent à ce grand foyer toujours en ébullition, et que nous avons particulièrement manqué de ménagements envers la corporation des commissaires-priseurs.

Nous ferions tout au monde pour détruire cette impression. Que nos lecteurs le sachent donc : si nous avons trouvé la matière d'un volume dans les mystères que nous avons révélés, nous en ferions trois avec les mystères que nous avons sciemment et volontairement dissimulés, et que nous n'aurions pas pu mettre en lumière sans nous heurter à des personnalités.

Jamais on ne nous reprocherait d'en avoir trop dit, si on savait tout ce que nous aurions pu dire.

Confiance! confiance! criaient les honnêtes gens
en sortant de la révolution de 1848. En sortant
de l'hôtel Drouot, les honnêtes gens ne peuvent
s'empêcher de s'écrier : DÉFIANCE! DÉFIANCE!

XVIII

LES VENTES PUBLIQUES D'AUTREFOIS

Telles sont les ventes d'aujourd'hui. Nous avons essayé de donner la clef de l'espèce de javanais qui se parle à l'hôtel Drouot. Si notre livre peut aider les amateurs à déchiffrer les continuelles charades en actions qui se jouent entre les commissaires-priseurs et leurs alliés naturels, nous aurons atteint notre but.

L'établissement de l'Hôtel des commissaires-priseurs n'a pas, il est vrai, fait naître tous les abus qui se commettent dans les ventes publiques, mais c'est là qu'ils se sont, pour ainsi dire, centralisés d'abord, et ensuite perfectionnés.

En terminant cette étude par un aperçu général des ventes publiques d'autrefois, aperçu que nous empruntons en partie au *Cabinet de l'amateur*, un des recueils artistiques les plus intéressants et les plus profondément instructifs, nous voulons mettre le lecteur à même de comparer les façons de procéder du temps jadis et celles du temps présent. Il y verra en germe toutes les violations du règlement et les infractions à la loi, qui ont pris plus tard des proportions si considérables, lesquelles, du reste, paraissent vouloir se développer encore.

Nos passions sont toujours les mêmes à toutes les époques ; mais, comme les individus, elles revêtent un costume qui change, se transforme ou se modifie chaque jour. Aujourd'hui, par exemple, les amateurs n'assistent plus que très-rarement aux ventes publiques ; tout se fait par commissions, le mystère le plus profond enveloppe les ordres donnés, et, le moment de l'adjudication passé, les curieux, ceux qui aiment à savoir où passent les objets, cherchent en vain à fixer la trace de la merveille livrée un instant aux regards de tous, et qui va disparaître pour long-temps. Cette sorte de jalousie est un des caractères du moment. Il y a vingt ans, les choses se passaient autrement : il y avait moins de gros public parmi les spectateurs, les amateurs assistaient à la vente et achetaient eux-mêmes. Les émotions, contenues d'ordinaire, n'en étaient pas moins visibles; mais il arrivait parfois aussi qu'elles faisaient explosion au dehors; c'était plus pittoresque.

Je me souviens d'avoir vu un soir, à la *salle Silvestre*, l'irascible Mottelez, à qui M. de Soleinne venait d'enlever une *Moralité* de seize feuillets, au prix énorme alors de dix-huit cents francs, se lever hors de lui et s'écrier, en étendant son bras vers le vieil amateur : *Je la rachèterai à votre vente!* A cette époque, Mottelez était la terreur de ses rivaux en bibliophilie; il avait toujours l'air de vouloir passer son épée au travers du corps de ses concurrents.

Les salles de la rue des Jeûneurs, elles aussi, avaient leurs originaux.

A un autre point de vue, tout ce qui est passé d'œuvres d'art exquises dans nos ventes publiques du siècle dernier est incalculable. C'est sur ce marché, toujours abondamment fourni, que se sont formées non-seulement les collections particulières les plus célèbres en Europe, mais encore les musées de Dresde, de Berlin et de Saint-Pétersbourg. Les principales cours du nord et du centre de l'Allemagne avaient à Paris des représentants à poste fixe pour recueillir dans nos encans les accessoires indispensables du faste et de l'élégance : porcelaines rares, meubles magnifiques, bronzes et tableaux de prix qui ne sont plus revenus. C'est dans les vieux catalogues de ces ventes que nous cherchons aujourd'hui les titres de noblesse des tableaux, des dessins et des estampes que nous possédons; ils sont même,

pour l'histoire de l'art du dix-huitième siècle,
une miné de renseignements précieux que l'on
chercherait vainement ailleurs. Il y a donc, à tous
ces titres, outre l'intérêt curieux, un intérêt réel,
avant de pénétrer dans le domaine des collections
anciennes que nous voulons parcourir, à rechercher le lieu, le mode ordinaire des ventes d'autrefois, à en connaître les habitués, à en étudier,
en rassemblant les indications fugitives qui nous
sont restées, les usages, les finesses et la physionomie.

Je ne sais pas bien la différence qu'il y a entre
l'ancien juré crieur, l'huissier-priseur et le commissaire-priseur de nos jours, principal ministre,
exécuteur et juge en ce champ clos des ventes
publiques. Les *jurés crieurs*, institués par saint
Louis, assistaient, vêtus de noir, aux enterre-
ments, portant suspendus à leur col les armes
des défunts; ils étaient chargés du détail des
pompes funèbres; ils n'ont donc rien de commun
avec nos commissaires-priseurs, bien que je me
sois laissé dire que quelques-uns de ces derniers

avaient conservé la louable habitude de s'associer au deuil des familles qui avaient des collections à vendre.

Au dix-huitième siècle, les huissiers-priseurs qui vendaient publiquement les meubles, soit après décès, soit par autorité de justice, étaient à Paris au nombre de cent vingt. Ils avaient déjà une bourse commune.

Les commissaires-priseurs ne sont plus aujourd'hui que quatre-vingt-deux, et ils ont toujours une bourse commune, sorte d'institution qui peut sembler bizarre au dix-neuvième siècle, car elle fait qu'une partie du travail des plus habiles et des plus actifs sert à faire vivre les incapables ou les paresseux qui ont le moyen d'acheter une charge, chose fort commode, mais que solde, en définitive, le pauvre vendeur qui n'en peut mais.

Ces sortes d'offices naissent naturellement avec le besoin des temps, la marche de la civilisation. Tant qu'il s'est agi de ventes mobilières ou d'effets d'usage, rien n'était plus simple; le public était tout trouvé. Mais l'institution des ventes

d'objets d'art, de livres, de médailles, d'estampes
et de tableaux, ou même de curiosités de la nature, une des spécialités les plus courues d'autrefois, présentait plus de difficultés ; il fallait un
public d'amateurs, ce qui est plus rare et plus
difficile à former. La concurrence n'a jamais
manqué aux encans célèbres ; mais, pour les autres, ce n'est que lentement et peu à peu qu'ils
ont pu conquérir un public habituel ; ils sont
donc venus beaucoup plus tard, et en cela nous
ne datons que d'hier. La plus ancienne mention
que nous ayons rencontrée qui puisse se rapporter aux ventes publiques d'objets d'art nous
est fournie par la rare et première édition des
*Antiquitez, histoires et singularitez de Paris, ville
capitale du royaume de France,* par Gilles Corrozet. Paris, 1550. Voici en quels termes il s'exprime : « *Au mois d'aoust audit temps* (1550)
*furent vendues publiquement en la Mégisserie plu-
sieurs images, tables, autelz, peintures et autres
ornements d'église qu'on avoit apportez et sauvez
des églises d'Angleterre.* »

22.

Il reste douteux, d'après le texte, si cette première vente a été faite à la criée ; mais la chose en elle-même parut alors fort étrange, puisqu'elle est enregistrée parmi les événements les plus notables de l'année qui vit paraître le livre. Ce passage du vieux chroniqueur parisien est précieux aussi, parce qu'il nous instruit des circonstances qui firent transporter en France, lors de l'établissement de la réforme en Angleterre, une partie du mobilier religieux de ses églises ; monuments devenus précieux, que nos voisins viennent racheter aujourd'hui dans nos ventes ; le célèbre flambeau de la collection Espaulard, par exemple.

Après le renseignement qui nous est fourni par Gilles Corrozet, il nous faut traverser juste un siècle pour trouver, à Paris, l'indication d'une vente publique d'objets d'art ; c'est dans une circonstance également célèbre. Nous voulons parler de la vente des effets précieux du cardinal Mazarin, décrétée par le parlement le 16 février 1649. L'arrêt portait : « *Tous les meubles estant en la*

maison *dudit cardinal seront vendus au plus offrant;* » et on spécifiait, un peu plus tard, gen-
tillesse du bon vieux temps, que : « *Sur la bibliothèque et les meubles du cardinal qui seront vendus, il sera, par préférence, pris la somme de
150,000 francs, laquelle sera donnée à celui ou
ceux qui représenteront ledit cardinal à justice,
mort ou vif.* » Ce n'est pas le lieu de nous étendre
sur les vicissitudes de cette collection célèbre;
observons seulement qu'à la fin du seizième siècle
et pendant tout le dix-septième, on comptait à
Paris un grand nombre d'amateurs dont les collections n'ont certainement pas échappé au sort
commun, c'est-à-dire à la vente publique. Cela
s'appelait alors *un inventaire.* Nous lisons dans le
Segresiana la note suivante : « Scarron mourut au
mois de juin 1660, pendant que j'étois au voyage
du roi pour son mariage, et je n'en avois rien su.
La première chose que je fis à mon retour fut de
l'aller voir; mais quand j'arrivai devant sa porte,
je vis que l'on emportoit de chez lui la chaise sur
laquelle il étoit toujours assis, que l'on venoit de

vendre à son *inventaire ;* cette chaise étoit à bras avec d'autres bras de fer qui se tiroient en avant pour mettre devant lui une table sur laquelle il écrivoit et mangeoit. »

Où est aujourd'hui la chaise de Scarron?

Mazarin a beaucoup fait pour développer en France l'amour des arts. Outre la satisfaction d'un goût personnel, les collections splendides entassées dans son palais avaient encore un but politique. Il cherchait à stimuler le génie national en lui donnant pour modèle et en popularisant parmi nous les peintures des grands maîtres italiens, les meubles inscrutés d'ivoire et de pierres précieuses, les étoffes magnifiques qu'il faisait venir de Gênes, de Milan et de Florence. Beaucoup de passages de sa correspondance l'indiquent assez. Un pamphlétaire du temps l'accusait même d'en vendre ; il en était bien capable. « Il faisait trafic, dit une *mazarinade*, par l'intermédiaire d'un sien domestique, de livres qu'il faisait venir de Rome, de tables d'ébène et de bois de la Chine, de tablettes, de cabinets d'Allemagne, de guéridons à têtes de Mores, et autres curiosités qui se vendoient publiquement dans une salle de l'hostel d'Estrée, en la rue des Bons-Enfans, qu'il avoit louée pour ce sujet. » Mais l'écrivain travestissait ses intentions en attribuant à ces ventes, si elles sont vraies, un misérable intérêt d'argent.

Les bibliothèques, disons-le à l'honneur de l'esprit français, furent les premières collections véritablement à la mode pendant tout le dix-septième siècle : de là la grande quantité de beaux livres qui nous sont restés de cette époque, le luxe de leurs reliures. Dans le commencement, les bibliothèques étaient en quelque sorte obligatoires et faisaient nécessairement partie du mobilier d'une grande maison. Ministres d'État, présidents au parlement, ou même simples conseillers, ne pouvaient se dispenser d'en avoir une; sa beauté donnait pour ainsi dire la mesure de leur importance personnelle. D'ordinaire, les bibliothèques se vendaient en bloc toutes faites. Ménage raconte que M. Servien, diplomate et mi-

nistre d'État, voulait s'acheter une bibliothèque
avant de mourir. « Un jour il me fit appeler :
« Que diroit-on de moi, me dit-il, si l'on ne trou-
« voit pas de bibliothèque à mettre dans mon in-
« ventaire? » Je vous prie de m'en chercher une
et de l'acheter pour moi. M. Rigault étoit mort
en ce temps-là. Je marchandai la sienne, mais
M. Servien n'en voulut pas donner plus de six
mille francs, et mourut sans laisser de bibliothèque. »

Très-souvent aussi les bibliothèques se vendaient en détail à la criée, et nos plus anciens
catalogues imprimés sont des catalogues de livres.
Voici, sur les ventes de livres et leurs physiono-
mies, un renseignement qui nous a été conservé
par le docteur Lister dans le récit de son voyage
a Paris en 1698. Savant, amateur, et surtout
homme pratique, il ne reculait pas devant les dé-
tails, et nous a déjà fourni une bonne page sur
la fabrication de la porcelaine en France :

« La passion des bibliothèques, dit Lister, est
maintenant générale. Les livres sont vendus à des

prix exorbitants... J'ai été à une vente de livres aux enchères ; il y avait de quarante à cinquante personnes, surtout des abbés et des moines. Les livres, comme chez nous, se vendaient lentement ; ils furent adjugés à des prix très-élevés. L'*Hispania illustrata* de Sciotti, édition de Francfort, a été mise en vente à vingt livres ; les enchères montèrent par degré à trente-six livres, prix auquel le volume fut adjugé. Un catalogue in-folio de livres français, par de La Croix du Maine, fut mis sur la table (*put up*) à huit livres, ce dont je fus si dégoûté, que je les laissai se disputer entre eux. »

Que dirait donc aujourd'hui Martin Lister du prix des livres, et les Anglais eux-mêmes n'ont-ils pas bien changé depuis cette époque ? « J'avais grande envie, ajoute-t-il, d'acheter une série complète des gravures de l'incomparable artiste Claude Mellan ; mais on demandait deux cents livres pour une suite incomplète où il en manquait douze d'une valeur égale à tout le reste. Quelques-unes des estampes de cet artiste, du format d'un livre in-8, tirées des planches qu'il a exécutées à Rome, sont estimées une pistole chaque, et la tête de Vincenzo Justiniani, son chef-d'œuvre, un louis d'or. »

Un voile assez épais dérobe à nos recherches la trace des ventes publiques d'objets d'art sous le règne de Louis XIV, où elles doivent avoir été nombreuses. Il n'en a rien transpiré dans les mémoires ni dans les écrits du temps; il semble que le grand siècle ait dédaigné ces misères.

Les catalogues imprimés, source de renseignements sur les collections d'autrefois, que rien ne saurait suppléer, manquaient encore. C'est à peine si nous pouvons indiquer, sur mémoires, dans les dernières années du règne de Louis XIV, les ventes de De La Noue, un des plus grands curieux de France, dit Mariette, de M. de Piles en 1709, de M. de Montarsis en 1712, de Bourdaloue en 1715, et de Girardon, le célèbre sculpteur, en 1716.

Le catalogue fait aisément deviner le public.

S'il est nombreux, le livre devient nécessaire, et il ne tarde pas à paraître. Nous avons dit que les bibliophiles étaient venus les premiers ; une autre classe d'amateurs, celle qui recherchait les curiosités naturelles, était déjà très-nombreuse à la fin du dix-septième siècle ; il s'agissait de coquilles rares, de madrépores, de minéraux, d'oiseaux aux brillants plumages, de reptiles et d'animaux singuliers enfermés dans des vases de verre, dont le goût ou plutôt la mode s'est maintenue très-longtemps, car ces sortes de productions n'ont jamais cessé d'être intéressantes. En 1736, Gersaint publiait déjà le premier catalogue de curiosités naturelles, tandis que la belle collection de tableaux de la comtesse de Verrue, vendue un an plus tard, n'obtenait pas encore cet honneur. Les estampes aussi disputent le pas aux autres curiosités ; le premier catalogue d'estampes porte la date de 1737 ; celui des dessins de Crozat, par Mariette, ne vient qu'en 1741 ; enfin, toute la curiosité réunie, tableaux, dessins, estampes, bronzes, meubles, porcelaines, bijoux, tapisseries et coquilles, parut pour la première fois, en 1744, dans les catalogues si intéressants, rédigés par Gersaint, des collections Quentin de Lorengère et Bonnier de la Mosson.

Nous venons de nommer Gersaint et la comtesse de Verrue; avec ces deux noms commence la période la plus brillante de l'histoire de nos ventes publiques; le premier y contribua par les catalogues imprimés dont il prit l'initiative; l'autre, par le retentissement de la vente de sa belle collection de tableaux, qui fut le signal, en France, de la faveur toujours croissante dont jouissent encore aujourd'hui les productions des écoles flamande et hollandaise, faveur que n'ont point altérée, auprès des amateurs, les nombreuses critiques que ce goût a soulevées. Les catalogues de Gersaint sont précieux par les ingénieuses et intéressantes remarques sur les artistes peintres et graveurs, sur les porcelaines et l'histoire naturelle, dont ils sont semés. Il est le premier en date parmi les *experts*, et il est resté le modèle du genre. D'autres lui ont succédé dans cette tâche ingrate avec des mérites divers, et dans le nombre nous pouvons citer Joullain père et fils, Mariette, Remy, Boileau, Juillot, Bazan, Paillet l'ancien, Le Brun, Regnault, et d'autres encore qui ne manquaient pas de mérite; aucun ne l'a égalé dans l'aimable exposition de ses idées, et dans l'abondance de renseignements qu'il nous a conservés. C'était à la fois un homme de goût et un homme très-instruit.

Mais nous voulons surtout nous attacher au matériel des ventes publiques; et d'abord où avaient-elles lieu? Gersaint les faisait d'ordinaire chez lui, sur le pont Notre-Dame; ce ne devait pas être très-vaste. Les marchands d'objets d'art demeuraient alors la plupart sur le pont Notre-Dame et sur le quai de la Mégisserie, dit aussi *de la Ferraille*, qui s'étendait depuis le pont Notre-Dame jusqu'à l'ancienne *vallée de Misère*, près le Châtelet.

Les ventes se faisaient encore au domicile même des amateurs, mais le plus souvent elles avaient lieu dans des couvents. Quelques-uns de ces grands établissements, qui n'étaient plus guère peuplés au dix-huitième siècle, louaient des salles pour ces sortes d'opérations. C'était le couvent des Grands-Augustins qui était d'ordinaire le théâtre des ventes importantes. C'est dans une *des salles* des Grands-Augustins, dit le catalogue, que se fit la vente de la collection Quentin de Lorengère ; c'est aussi là qu'avait eu lieu la vente des dessins de Crozat, en 1741, et Bazan y vendait encore en 1773. Nous trouvons, en outre, comme lieu habituel des ventes, la grande salle de l'ordre de Saint-Michel, aux Grands-Cordeliers, celle de la maison de Saint-Louis, rue Saint-Antoine, et l'hôtel d'Espagne, rue Dauphine[1]. On les faisait un peu partout et sans

---

[1] M. Fournier, dans son intéressant ouvrage, *Paris démoli*, indique l'hôtel Jabach comme un des lieux où se faisaient les ventes de tableaux : « De là, dit-il, certaines espèces de tableaux à vendre s'appelaient Jabach. » C'est, je crois, une erreur. L'académie de Saint-Luc fit, en 1774, une exposition de peinture à l'hôtel Jabach ; c'est ce que rapporte Bachaumont, mais je n'ai vu nulle part qu'on y ait fait des ventes de tableaux. Quant aux *Jaback* dont parle Diderot dans son roman de *Jacques*

beaucoup de cérémonie souvent ; un catalogue de
1762 annonce, comme devant être faite *dans une
porte cochère* de la rue du Battoir, une vente de
dessins et d'estampes dirigée par Bazan. La physionomie de ces réunions d'amateurs est finement
indiquée, mais en beau, dans une petite eau-forte
de Cochin que Gersaint plaçait en tête de ses catalogues, et dans d'autres estampes destinées au
même usage, dessinées par Baudouin et Auguste
de Saint-Aubin.

Les ventes commençaient à trois ou quatre
heures de l'après-midi. Il y avait, comme aujour-
d'hui, une exposition préalable des objets ; on dis-
tribuait, outre le catalogue, un ordre de vacations ; elles étaient courtes, composées en moyenne
de cinquante numéros et quelquefois de beaucoup moins.

le fataliste, ce devait être tout autre chose. Un mercier am-
bulant, un *porteballe,* aborde son héros en rase campagne,
ouvre sa boîte, et lui propose : « .... des jarretières, des cein-
tures, cordons de montres, tabatières du dernier goût, *vraies
Jaback,* bagues, cachets ... » Il est difficile de voir des tableaux
au milieu de cette quincaillerie.

La collection du comte de la Guiche, en 1770, composée de quarante tableaux qui avaient appartenu au comte de Lassay, fut vendue en trois vacations. On cherchait à introduire une grande variété parmi les objets qui composaient chaque vacation. La vente des collections du prince de Conti, en 1777, fut une affaire de quarante-cinq vacations, qui produisirent douze cent mille francs, et chaque jour on vendit un mélange de tableaux italiens, hollandais et français, de dessins, de porcelaines, de bijoux et de pierres gravées.

Nous avons nommé les principaux experts d'autrefois : l'huissier priseur Chariot, qui demeurait, lui aussi, sur le quai de la Ferraille, fut pendant longtemps un des plus occupés; c'était l'homme des grandes affaires, le Charles Pillet du moment; c'est lui qui fit, en 1775 et 1777, les ventes des collections Mariette et Randon de Boisset, celle du célèbre marchand Juillot et beaucoup d'autres encore, puisque nous le retrouvons logé à l'hôtel Bullion en 1814. Mais l'huissier-priseur était loin d'occuper, dans les ventes du dix-huitième siècle, la place qu'il y a conquise de nos jours : il n'avait pas même l'honneur d'être toujours nommé au catalogue; tout paraît avoir reposé sur l'expert qui en était chargé.

Le *Catalogue des planches gravées, dessins, estampes et tableaux, après décès de M. Michel Audran*, entrepreneur des tapisseries pour le roi, à la manufacture royale des Gobelins, *Paris*, 1771, que nous possédons, celui-là même de Pierre Remy l'expert, qui contient en tête, sur des pages interfoliées, le détail des frais de la vente, va nous renseigner sur leur simplicité. La vente avait lieu *dans une des salles des RR. PP. Augustins du grand couvent.*

Voici le compte de Remy :

J'ai acheté à la vente de M. Audran des Gobelins :
Les n°* 6, 7, 35, 59, 60, 61, 107, 110, 111, 116, etc., etc.,
ce qui fait en tout 621 liv. 2 s., sur quoi, déduire le n° 172,
qui appartenait à M. Audran de la rue Saint-Jacques. Reste
617 liv. 2 s.

Je dois donc à M. Francastel . . . . 617 l, 2 s.
Sur quoi déduire :
Pour frais de salle des Augustins
   (trois jours) . . . . 36 l. 00 s.
Au portier desdits, 18 chaises. . 4   16
Pour 37 autres 4   10
Trois voyages venus des Gobelins,
   le lundi 15 juillet 9   12
Port des estampes qui étaient chez
   Audran. 0   12
Aux hommes qui ont déchargé les
   voitures 0   12
A deux autres 1   7
Au porteur de M. Audran, suivant
   ses ordres 12   5

       Total. . . . . 69 l. 14 s.

Honoraires du sol pour livre du
   produit de la vente, qui est de
   18,200 liv., fait 910   »   979   14

    Il me reste dû. 362   12

L'huissier-priseur ne paraît pas dans ce compte;
il est probable que ses vacations, qui étaient
payées six livres chacune, plus un droit de *trois
deniers* par livre sur le montant de la vente,

étaient à la charge de l'expert, ainsi que l'impression du catalogue, qui n'a ici que quarante-huit pages.

Quelques observations sur le prix des objets d'art nous entraîneraient trop loin : on sait que les temps sont bien changés. Cependant je ne saurais résister à l'envie de citer deux articles de la collection d'antiquités grecques, romaines et gothiques de M. Picard, qui fut vendue à l'hôtel Bullion le 17 janvier 1780 et les sept jours suivants. Ces sortes de ventes étaient rares, mais les objets s'y donnaient littéralement. Je copie le catalogue, où tout est très-bien détaillé :

N° 197. « Une paire d'étriers en fer, dorés d'or moulu, qui ont certainement appartenu à François Ier ; sur les deux côtés se voient des salamandres couronnées, avec cette légende : *Nutrisco, exstinguo*, devise de ce prince. A la partie du haut où s'attachent les courroies, on lit sur un petit carré : F. REX. Ces étriers sont fort bien exécutés. *Ils viennent d'une vente faite par les religieux de Saint-Denis.* » 50 liv.

N° 206. « Six pièces, savoir : trois crosses d'évêques en cuivre doré émaillé ; l'une a dans son milieu un lion à qui un serpent mord la queue. A la seconde, est représentée l'Annonciation, et la troisième est terminée, dans l'intérieur de sa volute par une tête de lion. Les trois autres pièces sont des crucifix nommés à jupons, à cause de leurs draperies, qui ont la forme d'un petit jupon ; l'un des trois est en bas-relief, sur une plaque de cuivre émaillée, où se voient aux deux côtés la Vierge et saint Jean ; au-dessus sont deux anges, 14 l. 19 s.

Les étriers de François Ier sont au musée de l'hôtel Cluny, et le lot de quatorze livres eût peut-être produit dix mille francs à la vente de la collection Soltykoff.

Avec le développement toujours croissant des ventes publiques, on chercha à leur enlever ce qu'elles avaient de nomade, à leur donner un domicile fixe. Pierre Remy, qui fut pendant long-temps un des experts les plus employés, eut une salle de vente chez lui, rue Poupée, *la deuxième porte à gauche en entrant par la rue Hautefeuille.* Paillet en ouvrit une autre à l'*hôtel d'Aligre,* où il demeurait, et plus tard fonda vers 1780 le cé-lèbre établissement de l'*hôtel Bullion,* rue Plâ-trière [1], qui a subsisté jusqu'à nos jours. Lebrun,

---

[1] Nous avons le catalogue d'une vente faite par Basan à l'hôtel Bullion, en 1780 ; voici la notice que Paillet fit insérer dans le

son concurrent, avait aussi une salle rue de Cléry,
hôtel Lubert, et fit construire rue du Gros-Chenet
la belle galerie qui portait son nom. Paillet et Lebrun, longtemps rivaux, avaient commencé à parcourir la carrière des ventes publiques vers 1770;
tous deux moururent en 1814, après quarante-
cinq ans d'exercice. Les ventes finirent par se lo-
caliser dans les salles de l'hôtel Bullion et de la
rue de Cléry, lorsqu'elles n'étaient pas faites au
domicile des amateurs.

La critique, qui abandonne rarement ses droits,
s'est souvent attaquée, pendant le dix-huitième
siècle, aussi bien aux experts qu'aux amateurs.

Guide de l'Amateur dans Paris, de Thiéry, en 1786 : « Cet
hôtel a été acquis depuis quelques années par le sieur Paillet,
peintre ; toute la disposition en a été changée : en faisant reconstruire la plus grande partie des bâtiments, on y a formé
une espèce d'établissement consacré aux ventes publiques de
tableaux et autres effets curieux. Cinq autres salles ont été également disposées pour y faire des ventes de tout genre.

« Le sieur Paillet, faisant le commerce des tableaux et s'étant
totalement livré à la partie des ventes de cette nature, se charge
aussi d'en rédiger les catalogues et de remplir les ordres de
MM. les étrangers dans sa partie. »

L'éternelle question des attributions complaisantes des catalogographes du temps n'avait point d'organe pour se faire entendre; mais quelques esprits critiques ne manquaient pas d'inscrire leurs réclamations sur les pages mêmes du catalogue. Le soin avec lequel les amateurs conservaient et annotaient ces petits livres est une des particularités du temps. Le grand Mariette ne fut pas plus qu'un autre à l'abri des attaques de ces méchants, et je lis sur les pages du catalogue de Charles Coypel, qu'il avait rédigé (1753), la note suivante, qui ne manque pas d'à-propos et qu'il est piquant de publier à plus d'un siècle de distance :

« L'on a demandé, dans le temps de la vente, à M. Mariette, pourquoi il avoit mis dans son catalogue que tels et tels dessins étoient de Raphaël; il a répondu que, M. Coypel étant de ses amis, il n'avoit pas voulu détruire les objets dont il s'étoit chargé de faire la description pour les faire valoir, d'autant plus que ces dessins avoient toujours passé pour être des originaux de Raphaël, et, n'ayant point voulu faire tort à la succession, il avoit laissé subsister la bonne réputation où ils étoient depuis longtemps. Je ne décide rien sur cette façon de penser de M. Mariette pour M. Coypel; les amateurs feront là-dessus les commentaires qu'ils jugeront à propos, ne pouvant cependant se dispenser de louer le zèle particulier de mondit sieur Mariette. »

L'épigramme est finement aiguisée, et le critique ajoute en note : « *Il n'y avoit de vrays dessins de Raphaël dans cette vente que les deux qui ont été retenus pour le roy, qui sont J. C. qui présente les clefs à saint Pierre, et saint Paul qui prêche à la porte du temple.* » Or les quatre autres dessins que notre amateur conteste et dont Mariette doutait comme lui tout en les décrivant avec soin, produisirent à la vente huit cent soixante-douze francs, somme considérable alors pour des dessins.

Mais la guerre la plus vive et la plus longue, car je crois qu'elle dure encore, c'est celle que l'on a faite, depuis Mazarin jusqu'à nos jours, aux amateurs accusés de spéculer sur les objets d'art qu'ils recueillent. Son examen est en dehors de ce chapitre des ventes publiques; nous y reviendrons.

Pour ce qui nous reste à dire du spectacle offert par les ventes publiques d'autrefois, c'était, à peu de chose près, pour ceux qui les ont vues, celui qu'elles présentaient il y a vingt ans. Rivalité des amateurs entre eux, des marchands contre les amateurs, des marchands contre leurs confrères, et, dans certains cas, les marchands déjà organisés entre eux, ligués contre tout le monde, sous un nom plus énergique que celui de *révision*, que nous avons adopté. Comme aujourd'hui, le spectateur étranger aux ventes pouvait être surpris de voir les enchères, parties du chiffre le plus modeste, s'élever, opiniâtrément, sol à sol, à des sommes considérables. Le rôle de l'officier ministériel était également le même, cherchant à réveiller et à stimuler l'amateur, levant son marteau toujours prêt à frapper, en lui disant : *Vous n'en voulez plus? — C'est bien entendu? — Je vais adjuger;* et ne laissant jamais retomber, sous le fallacieux prétexte qu'*on demande à voir.*

Il n'est pas jusqu'à *Jean* et sa grimace que nous ne puissions y retrouver, sans excepter non plus cette partie du public qui, alors comme aujourd'hui, c'est Joullain qui nous l'assure, ne venait aux ventes *que pour se chauffer et y dormir.*

Écoutons le satiriste Mercier, en son chapitre des *Huissiers priseurs :* les ventes publiques ne pouvaient lui échapper. Il touche à la fin du siècle, juste à l'époque où nous voulions nous arrêter. Il donnera le dernier coup de pinceau au tableau :

« La charge d'huissier-priseur (car tout est charge : qu'est-ce que les rois n'ont pas vendu?) devient de jour en jour plus lucrative. Plus il y a de luxe, plus il y a de nécessiteux. Le combat sourd de l'aisance et de la pauvreté occasionne une multitude de ventes et d'achats. Les pertes, les banqueroutes, les décès, tout est favorable aux huissiers-priseurs, en ce que les revers, les variations de la fortune, les changements de lieu et d'état, se terminent toujours par des ventes forcées ou volontaires.

« Il y a ensuite les petites ruses du métier. Tel huissier-priseur est souvent marchand tacite ou bien associé avec des marchands; et dans les adjudications il sait conséquemment *couper la broche* à propos, c'est-à-dire adjuger suivant qu'il lui plaît, d'après ses vues secrètes ou celles de ses commettants cachés.

« L'adjudication est un *prononcé* irrévocable; mais que de clameurs avant le *mot* définitif! L'huissier-priseur est obligé d'avoir un crieur à gages, un *stentor*. On n'entend que cette répétition éternelle des acheteurs : *Un sol! un sol!* tandis que l'huissier, de son côté, crie : *Une fois, deux fois, trois fois!* On dirait que l'objet crié va être adjugé sur-le-champ; car l'huissier dit toujours : *Pour la dernière fois, en voulez-vous? n'en voulez-vous pas? — Un sol! un sol!* répète l'assemblée, et voilà l'objet, qui, de sol en sol, remonte subitement à mille livres au-dessus du premier prix. Un sol a fait pencher la balance, un sol l'a fixée invariablement.

« L'huissier en habit noir, avec sa voix flûtée, et le crieur déguenillé, mais gorgé d'eau-de-vie, dont le timbre fait trembler les vitres, usent leurs poumons à *parler en public*, comme le dit le poëte Rousseau dans sa plaisante épigramme; l'oreille est fatiguée par cette répétition continuelle, assommante. Les *paix-là!* du *stentor* enroué surmontent à peine le bruit confus de la multitude, qui se passe de main en main les objets, les regardant, les dédaignant, selon l'envie ou le besoin.

« Quand vous avez assisté à l'une de ces ventes tumultueuses, vous en avez les cris monotones et le bourdonnement dans l'oreille pendant quinze jours. On adjuge de cette manière depuis un tableau de Rubens jusqu'à un vieux justaucorps percé par les coudes.

« Dans les ventes après décès, les chaudronniers en cheveux plats ouvrent toujours la séance, car on commence toujours par la batterie de cuisine, la mort n'en ayant plus besoin. Ils se trouvent dans la salle du défunt avec tous ceux qui viennent pour acheter ses diamants, ses meubles de Boule et ses dentelles. »

Vers la même époque, Boichot, un artiste qui tenait la plume à ses heures et qui n'aimait pas les tableaux de l'école hollandaise, nous a laissé l'esquisse suivante d'une vente à l'hôtel Bullion : « Au milieu de la chaleur du combat, on entend partir d'une extrémité de la salle une voix perçante qui s'exprime ainsi : *On demande à voir.* Aussitôt le tumulte fait place au silence, les nez s'allongent sur la table, et les lorgnettes braquées aident à juger du tableau mis en vente... Après s'être bien assuré que l'on pouvait compter chaque brin de la chevelure, que les feuilles, les pétales et le pistil d'une fleur offrent les mêmes jouissances, la guerre recommence jusqu'au moment de l'adjudication, où le vainqueur reçoit les compliments de la plupart des assistants. Cette palme, à la vérité, ne s'accorde qu'à un prix élevé, car on se rappelle qu'il n'est que trop ordinaire de

voir les productions de cette école (hollandaise)
monter à des sommes exorbitantes. Le *Journal
de Paris*, en date du 25 mars 1780 [1], nous fournit
même une dissertation aussi bien faite qu'intéressante, au sujet d'un tableau de cinq à six
pouces représentant une femme à mi-corps enfi-
lant son aiguille à la lumière. Lorsque le tableau
fut vendu, les amateurs étaient en extase, mais
ils n'en furent pas plus éclairés, d'autant que les
bras et les mains de cette femme ressemblaient
infiniment à ceux de nos poupées. Aussi les mauvais plaisants qui étaient là prétendirent-ils qu'on
avait payé cher un bout de chandelle. »

Ferre-la-Mule, dans sa confession, nous a déjà
instruit des coalitions et des manœuvres qui se
pratiquaient au dix-huitième siècle dans les ventes
publiques. Mercier, toujours impitoyable et péné-
trant, plus explicite et plus vrai, nous dit ailleurs,

---

[1] La lettre d'un *vieil amateur*, insérée dans le *Journal de
Paris*, écrite à l'occasion de la vente Poullain, est une critique
des prix élevés où avaient été portés les tableaux de l'école
hollandaise.

dans une autre partie de son *Tableau de Paris*, à propos des *ventes par arrêts de la cour* : « Il y a dans ces ventes une confédération secrète dont on doit perpétuellement se défier; elle s'appelle *la Grafinade*. C'est une compagnie de marchands qui n'enchérissent point les uns sur les autres dans les ventes, parce que tous ceux qui sont présents à l'achat y ont part; mais, quand ils voient un particulier qui a envie d'un objet, ils en haussent le prix et supportent la perte, qui, considérable pour une seule personne, devient légère dès qu'elle se répartit sur tous les membres de la ligue.

« Ces marchands aigrefins se rendent donc maîtres des prix, parce qu'ils font en sorte qu'aucun autre acheteur n'aille au-dessus de celui qu'un membre de *la Grafinade* aura offert.

« Quand un objet a été poussé assez haut pour écarter du bénéfice tous ceux qui ne sont pas de la *clique*, alors, dans une assemblée particulière, ils adjugent l'objet entre eux.

« Voilà pourquoi tel homme inexpérimenté s'ètonne de trouver tel objet si cher dans les ventes. *La Grafinade* veut qu'il n'y remette plus les pieds, afin que les marchandises tombent au bas prix auquel ils prétendent les acquérir.

« Cette conspiration contre la bourse des gens chasse de la salle des ventes. un nombre infini d'acheteurs qui aiment mieux être rançonnés par un membre de *la Grafinade* que par *la Grafinade* entière, qui, selon l'expression populaire, a les *reins forts* et joute de manière à écarter les plus intrépides.

« Les crieuses de vieux chapeaux, les revendeuses, imitent parfaitement sur ce point les lapidaires, les orfévres et les marchands de tableaux. »

Au fond, il y a aujourd'hui de bien sensibles améliorations dans les ventes; *la Grafinade*, qui n'existe plus, a été remplacée par trois ou quatre bonnes petites *révisions;* les Auvergnats continuent à être nombreux et les frais de vente à augmenter toujours.

On voit que, si les ventes publiques se sont profondément modifiées dans la forme, elles ont conservé, quant au fond, toutes les saines, ou plutôt les malsaines traditions, et que leur but est encore aujourd'hui ce qu'il était hier, c'est à-dire d'arriver au porte-monnaie d'autrui par le plus court chemin d'un point à un autre.

CONCLUSION

Quand on a eu l'audace de dire de quoi que ce soit : Ceci est mauvais, on vous réplique immédiatement : Dites-nous donc ce qui est bon. Pour notre part, nous croyons que c'est déjà quelque chose d'avoir signalé un mal, surtout si ce mal, d'aigu qu'il était d'abord, tend à devenir chronique. Les abus ont la dangereuse habitude de se dissimuler si bien sous des apparences légales, qu'avec la meilleure volonté du monde il faut savoir les découvrir avant d'essayer d'y porter remède.

Quand donc nous n'aurions fait que mettre sur les murs en pierres de taille de l'hôtel Drouot cette inscription préservatrice : *Ici il y a des piéges à loups*, nous aurions peut-être rendu service à quelques enthousiastes irréfléchis. Mais à ceux qui nous inviteraient à conclure, à ceux qui nous diraient :

Vous avez tenté la démolition d'un établissement dont l'organisation est, nous l'admettons, vicieuse à quelques points de vue;

Vous avez, une carte commerciale à la main, indiqué les écueils et enregistré les naufrages quotidiens qui sillonnent cet océan de tableaux et de bric-à-brac;

Vous avez gémi sur le sort des pigeons qui viennent tendre complaisamment leurs ailes à la main qui les plume;

Vous avez démontré que l'hôtel des ventes est

une espèce de maison de jeu où la Banque a toutes les chances pour elle;

Eh bien! après? Tirez vos conséquences. Faut-il détruire de fond en comble l'hôtel des commissaires-priseurs? et en ce cas que mettrez-vous à la place?

A ceux-là nous répondrons que, comme nous l'avons déjà dit plus haut, nous ne voulons pas précisément porter la torche dans les magasins de la rue Drouot, quoique souvent ce qu'on y amène ne soit guère bon qu'à brûler; mais ce que nous demandons, non pour nous, grand Dieu! mais pour ceux qui nous liront, et même pour ceux qui ne nous liront pas, c'est que le règlement qui a présidé à l'installation des commissaires-priseurs soit observé, s'il est bon, ou révisé, s'il est mauvais.

On révise tant à l'hôtel des ventes, qu'une petite révision du règlement n'aurait rien de bien insolite.

Ou les commissaires-priseurs ne sont que des marchands, et alors ils ont dans les salles où s'écoulent leurs marchandises une omnipotence qui les garantit contre tout contrôle et qui présente des dangers sérieux pour l'acheteur.

Il serait donc urgent de soumettre les opérations de ces marchands à une surveillance continuelle et à une vérification dont nous n'avons à indiquer ni la forme ni les moyens.

Ou ils sont officiers publics, et alors ils ne devraient jouer dans les ventes qu'ils dirigent d'autre rôle que celui de juré, ni représenter autre chose que le droit, c'est-à-dire qu'il faudrait leur enlever expressément la plupart des prérogatives auxquelles ils tiennent le plus, comme :

Louer eux-mêmes les salles aux vendeurs;

Fixer, selon leur bon plaisir, le tant pour cent qu'ils prélèvent sur leurs clients;

Établir les frais d'affiches, les frais de catalogues et quantité d'autres frais;

Vendre leurs charges qui, dans le principe, appartenaient à l'État et se donnaient par voie de nomination, comme les places de substituts ou de conseillers se donnent aujourd'hui;

Baptiser de noms célèbres, et sous la garantie illusoire de leur position officielle, des tableaux qu'ils savent faux, vendre pour vieux des meubles qu'ils savent neufs et pour anciens des objets qu'ils savent modernes.

Par quel système régénérateur arrive-t-on à équilibrer l'intérêt du public et la puissance du commissaire-priseur? nous n'avons pas la prétention de le savoir, et c'est d'ailleurs à d'autres qu'à nous de le chercher.

Quand nous entrons dans une salle de spectacle dont les loges sont incommodes, l'acoustique défectueux et la ventilation malfaisante, nous avons le droit de signaler ces inconvénients sans être obligé de fournir le plan d'une salle nouvelle.

Nous avons déchiré quelques-uns des voiles qui couvraient les petites intrigues dont l'hôtel des commissaires-priseurs est le théâtre ordinaire, c'est aux gens spéciaux à étudier la question au point de vue des règlements à refaire ou à appliquer.

Tout ce que nous pouvons, quant à nous, c'est

de conseiller aux gens que la tableaumanie commence à gagner ou que le vertige du bric-à-brac
attire, d'attendre, avant de céder à cet entraîne-
ment, qu'on ait placé l'antidote à côté du poison.

FIN.

TABLE DES MATIÈRES

PARIS. — IMP. SIMON RAÇON ET COMP., RUE D'ERFURTH, 1.

www.ingramcontent.com/pod-product-compliance
Ingram Content Group UK Ltd.
Pitfield, Milton Keynes, MK11 3LW, UK
UKHW020118240726
13926UKWH00011B/2097